Ernst-August Bremicker

Verliebt – verlobt – verheiratet
Der Christ auf dem Weg in die Ehe

Ernst-August Bremicker

Verliebt – verlobt – verheiratet
Der Christ auf dem Weg in die Ehe

Christliche Schriftenverbreitung
Postfach 10 01 53, 42490 Hückeswagen

Die Bibelstellen sind nach der im gleichen Verlag erschienenen „Elberfelder Übersetzung" (Edition CSV Hückeswagen) angeführt.

2. Auflage 2018

Umschlaggestaltung: Christliche Schriftenverbreitung
Satz und Layout: Christliche Schriftenverbreitung
Druck: CPI - Ebner & Spiegel, Ulm
ISBN: 978-3-89287-132-3

www.csv-verlag.de

Inhaltsverzeichnis

Vorbemerkungen

Zu Beginn möchte ich gerne ein paar kurze Vorbemerkungen machen:

1. *Warum dieses Buch entstanden ist*: Es ist mein Wunsch, einige Hilfestellungen zu einem Thema zu geben, mit dem die meisten Christen früher oder später konfrontiert werden. Die Entscheidung für den richtigen Lebenspartner ist eine der ganz wichtigen Entscheidungen im Leben. Die Ehe ist eine Gabe Gottes, die er uns zu unserem Segen und Glück geschenkt hat. Es gibt viele Ehepaare, die das täglich erleben und bestätigen können. Es gibt allerdings – leider zunehmend – viele christliche Ehen, die einer Katastrophe gleichkommen. Die Zahl der Ehen, die schließlich kaputtgehen, nimmt rasant zu. Woran liegt das? Die Ursachen sind vielschichtig. Oft werden die entscheidenden Fehler bereits vorher gemacht. In der Jugendzeit. Im Umgang mit dem anderen Geschlecht. Auf dem Weg in die Ehe. Deshalb soll dieses Buch Gedankenanstöße geben, Fehler möglichst frühzeitig zu vermeiden und richtige Entscheidungen zu treffen.

2. *Für wen dieses Buch geschrieben ist*: Jeder, der sich mit dem Gedanken trägt, einmal zu heiraten, ist herzlich eingeladen, dieses Buch unter Gebet zu lesen und darüber nachzudenken. Das gilt

besonders für meine jungen Glaubensgeschwister und Freunde. Selbst wenn Du im Teenageralter bist und (noch) nicht ans Heiraten denkst, solltest Du dieses Buch ruhig lesen. Besonders der letzte Teil wird Dich interessieren. Auch Eltern und Glaubensgeschwister, die jungen Leuten helfen möchten, auf dem richtigen Weg in den Ehehafen einzulaufen, werden hoffentlich die eine oder andere nützliche Anregung finden.

3. *Wie das Buch geschrieben ist*: Es geht mir weder um tiefgründige Belehrungen noch um pauschale Ratschläge. Die Zeit, in der wir leben, ist eine schwierige und komplizierte Zeit. Wer daran denkt, früher oder später einmal zu heiraten, steht vor einer weitreichenden und schwerwiegenden Entscheidung. Ich möchte deshalb mit diesem Buch versuchen, Euch anhand der Bibel konkrete und praxisnahe Hilfestellungen zu geben. Es geht mir nicht darum, ein „Lehrbuch" im klassischen Sinn zu schreiben. Es geht nicht um flotte Tipps oder um einfache Patentrezepte. Die gibt es nämlich nicht. Alles, was ich schreibe, soll auf die Bibel abgestützt werden. An einigen Stellen werde ich Euch persönliche Ratschläge geben. Ich tue das nach bestem Wissen und Gewissen vor meinem Herrn. Dabei gebe ich gern zu, dass es zu dem einen oder anderen Punkt durchaus abweichende Meinungen geben kann. Zur Illustration habe ich hier und da Beispiele benutzt. Sie sind dem

täglichen Leben entnommen, allerdings so verändert, dass Rückschlüsse auf die betreffenden Personen nicht möglich sind.

4. *Wer das Buch geschrieben hat*: Eigentlich tut das nichts zur Sache. Trotzdem möchte ich in diesem Fall kurz etwas dazu sagen. Der ein oder andere Leser kennt den Autor vielleicht. Viele kennen ihn nicht. Eines aber ist mir ganz wichtig vorab zu sagen: Wenn ich zu diesem Thema etwas schreibe, dann tue ich es nicht als jemand, der alles richtig gemacht hat. Das Gegenteil ist leider der Fall. Ich habe in meinem Leben, besonders in meiner Jugendzeit – und auch danach! –, viele Fehler gemacht. Fehler, die ich bedaure. Durch Gottes gnädiges Handeln bin ich seit über 25 Jahren mehr als glücklich verheiratet und habe fünf Kinder – zwei davon verheiratet. Ich muss leider bekennen, dass ich mich in vielen Punkten nicht nach dem verhalten habe, was ich Euch in diesem Buch empfehle und was ich heute als richtig ansehe. Ich habe – hoffentlich – aus meinen Fehlern etwas gelernt und kann jetzt vielleicht anderen helfen, nicht dieselben Fehler zu machen.

Es ist mein Wunsch, dass Du dieses Buch ohne Vorbehalte und Vorurteile liest. Bitte prüfe anhand der Bibel nach, was Du liest. Einiges wirst Du kennen. Anderes mag Dir neu sein. Es kann sein, dass Dir auf den ersten Blick manches etwas altmodisch vorkommt. Doch das ist es nicht! Die Bibel ist immer zeitnah und aktuell. Sie hat garantiert etwas zu unserem Thema zu sagen. Ich wäre dankbar, wenn der Herr die hier zusammengetragenen Gedanken segnet. Vielleicht wird die ein oder andere Frage beantwortet, die Du schon immer im Herzen hattest. Oder der Herr macht Dir etwas klar, worüber Du bisher noch gar nicht richtig nachgedacht hast.

Ein Wort an Eltern und Leser, die älter geworden sind und ein Herz für junge Leute haben: Wir leben tatsächlich in einer komplizierten Zeit. Unsere jungen Leute haben es nicht einfach. Sie müssen mehr denn je gegen den Strom gängiger Meinungen und Trends schwimmen. Es ist meine Überzeugung, dass wir als Eltern und Erwachsene gerade in Fragen unseres Themas viel Verständnis für sie aufbringen müssen. Was wir brauchen, ist echtes Einfühlungsvermögen. Wir wollen und müssen Hilfestellung geben. Das können wir nicht mit Härte tun. Auch nicht mit einfachen Befehlen. Wir brauchen viel Liebe. Wir brauchen Verständnis. Wir brauchen Feingefühl. Dann sind wir unseren jungen Leuten kein Hindernis, sondern eine echte Hilfe. Das ist mein Anliegen mit diesem Buch.

Ich möchte mich herzlich bei allen bedanken, die mir beim Schreiben dieses Buches geholfen haben. Dies gilt besonders für meine Familie sowie für Egbert

Brockhaus. Ohne diese Hilfe wäre dieses Buch nicht zustande gekommen. Für weitere Anregungen aus dem Leserkreis bin ich jederzeit dankbar.

Hinweis: Alle Bibelzitate in diesem Buch sind der Elberfelder Übersetzung (Edition CSV Hückeswagen) entnommen. In dieser Übersetzung wird das Wort „Versammlung" verwendet, während andere Bibelausgaben das griechische Wort „ekklesia" mit „Gemeinde" oder „Kirche" wiedergeben. Entscheidend ist nicht das Wort, das wir gebrauchen, sondern das, was wir darunter verstehen. Es geht um die Gesamtheit aller wiedergeborenen Christen.

Zum Thema

Das Thema „Verliebt – verlobt – verheiratet" hat Generationen vor uns bereits beschäftigt. Es ist ein uraltes Thema. Trotzdem ist es nicht angestaubt, sondern brandaktuell. Jede Generation ist davon neu betroffen. Das Thema ist spannend. Es ist zeitnah. Es ist wichtig. In erster Linie für Euch, die Ihr noch vor dem Schritt in die Ehe steht. Aber ebenso für Eltern und solche, die helfen und raten möchten. Und das Thema hat ganz bestimmt entsprechenden Zündstoff:

- Ein junges Mädchen, das im Alter von 17 oder 18 Jahren schon verschiedene Erfahrungen mit Männern gemacht hat, kommt – in Tränen aufgelöst – zu einem Seelsorger. Sie legt ein schockierendes Bekenntnis ab: „Ich komme mir vor wie eine Cola-Dose: aufgerissen, ausgesoffen, zusammengedrückt und in die Ecke geworfen." Ein erschütterndes Bekenntnis! Eine Bruchlandung, bevor das Leben überhaupt richtig begonnen hat!

- Ein junger Mann, der gern heiraten wollte, ging zu seinem Vater und fragte ihn um Rat. Der Vater warnte seinen Sohn eindringlich davor, weil das junge Mädchen kein Gotteskind war. Der Sohn entschied anders. Die Meinung seines Vaters passte ihm nicht. Er heiratete die Frau trotzdem. Nach gut einem Jahr war die Ehe beendet. Die

Frau hatte ihn mehrfach mit anderen Männern betrogen. Ebenfalls eine Bruchlandung. Eine Bruchlandung, die er hätte vermeiden können, wenn er den Rat seines Vaters angenommen hätte.

• Ein Ehepaar war über 30 Jahre lang verheiratet. Wie man annahm, glücklich. Doch als die Frau plötzlich starb, kam die Wahrheit ans Licht. Kurz nach dem Heimgang seiner Frau legte der Bruder ein erschütterndes Bekenntnis ab. Nach einem guten Ehestart hatten sich die beiden innerlich mehr und mehr voneinander entfernt. Grund war auf beiden Seiten nicht bekannte Schuld bzw. mangelnde Vergebungsbereitschaft. So lebten sie jahrzehntelang nebeneinander her, weil keiner die Worte fand: *Vergib mir*. Erst nachdem die Frau abgerufen war, wurde dem Mann klar, wie schuldig er geworden war. Es kam zu einem Bekenntnis vor dem Herrn. Doch mit seiner Frau konnte er die Sache nicht mehr regeln.

• Ein Ehepaar feiert goldene Hochzeit. Die beiden haben ein Leben im Dienst für ihren Herrn hinter sich. Der Mann hatte schon lange vor seiner Hochzeit entschieden, dass er seinem Herrn zur Verfügung stehen und nicht für sich selbst leben wollte. Das hatte er seiner Frau gesagt, bevor sie heirateten. Sie hatte eingewilligt. In ihrer langen Ehe hatte es manchen Verzicht auf persönliche

Annehmlichkeiten gegeben. Aber es war eine Ehe im Glück und im Segen. Während der goldenen Hochzeit legten Kinder und Enkelkinder ein Zeugnis von dem Vorbildcharakter der Ehe dieser beiden ab.

Vier Beispiele voller Unterschiede und Gegensätze. Ob wir in unseren Beziehungen – besonders in der Ehe – glücklich sind oder nicht, ist eine entscheidende Frage. Die Ehe kann ein wunderbarer Segen sein. Sie kann leider auch ein Elend ohne Ende sein. Vor einiger Zeit sagte ein Bruder, der unglücklich verheiratet war: „Meine Ehe ist die Hölle auf Erden." So weit kommt es zum Glück nicht oft. Aber schon ein Eheleben, in dem man aneinander vorbei lebt, bringt keine Erfüllung. Gott möchte uns viel mehr geben. Die Weichen ins Glück oder Unglück in der Ehe stellen wir oft sehr früh. Sie werden spätestens dann gestellt, wenn man sich für einen Lebenspartner entscheidet. Deshalb können wir diese Entscheidung nicht leichtfertig treffen.

Gottes Meinung – unsere Meinung

Wir tun gut daran, auf das zu hören, was Gott uns in seinem Wort zu sagen hat. Es mag sein, dass uns die Aussagen Gottes nicht unbedingt populär und zeitgemäß erscheinen. Das ist mir völlig klar. Ganz sicher entspricht der göttliche Maßstab nicht den gängigen

Wertvorstellungen der Menschen, mit denen wir täglich zu tun haben. Für viele ist die Ehe eine Art „Auslaufmodell" geworden. Oder eine von verschiedenen möglichen Formen des Zusammenlebens von Mann und Frau. Die Partnerwahl verläuft oft ganz anders, als Gott es möchte. Das ändert allerdings nichts daran, dass Gott uns die Wahrheit sagt. Es kann nur *einen* Maßstab für unser Verhalten geben. Das ist Gottes Wort.

Die natürliche Liebe und die Ehe sind Gaben Gottes. Er hat sie uns zum Segen und Nutzen gegeben. Wir müssen nur richtig und verantwortlich damit umgehen. Gott möchte uns Menschen glücklich machen. Er ist kein „Spielverderber". Er kennt unsere Sehnsucht nach Geborgenheit, nach Sicherheit, nach Vertrauen. Gott möchte diese Sehnsucht stillen. Er will uns einen guten Weg in eine glückliche Ehe zeigen. Er möchte, dass wir glücklich sind und bewahrt bleiben.

Das Zusammenleben zweier Menschen in der Ehe ist eine Gabe Gottes, mit der wir verantwortlich umgehen müssen. Missbrauchen wir diese Gabe Gottes und machen schon gleich am Anfang entscheidende Fehler, müssen wir uns nicht wundern, wenn die Ehe keinen guten Weg nimmt. Gott hat uns seine Gedanken über die Partnerwahl in der Bibel mitgeteilt. Das hat er getan, damit wir erstens eine glückliche Ehe führen und zweitens vor Schaden bewahrt bleiben. Wenn wir Gottes Gedanken ernst nehmen und befolgen, wird er uns segnen. Wenn wir allerdings meinen, wir wüssten es besser, müssen wir uns nicht wundern, wenn es schiefgeht.

„Liebe macht blind" – an dem Spruch ist etwas dran, obwohl es da meistens gar nicht um wirkliche Liebe geht, sondern nur darum, „verliebt zu sein". Aber wer will das schon hören, wenn er gerade bis über beide Ohren verliebt ist? Trotzdem wollen wir auf das achten, was Gott uns zu sagen hat.

Eheglück ist etwas, das sich nicht automatisch einstellt – auch nicht, wenn zwei Christen heiraten. Gott gibt uns mit der Ehe eine vollkommene Gabe. Aber er verbindet diese Gabe mit unserer Verantwortung. Es kommt darauf an, was wir daraus machen.

Keine Patentrezepte

An den Anfang unserer Überlegungen möchte ich zwei Bibelverse stellen. Einen aus dem Alten und einen aus dem Neuen Testament:

Sprüche 30,18-19: „Drei sind es, die zu wunderbar für mich sind, und vier, die ich nicht erkenne: der Weg des Adlers am Himmel, der Weg einer Schlange auf dem Felsen, der Weg eines Schiffes im Herzen des Meeres, und der Weg eines Mannes mit einer Jungfrau."

Epheser 5,31: „Deswegen wird ein Mensch den Vater und die Mutter verlassen und seiner Frau anhangen, und die zwei werden ein Fleisch sein. Dieses Geheimnis ist groß."

Diese beiden Aussagen zeigen uns deutlich, dass es kein Patentrezept gibt, einen Lebenspartner zu finden. Es ist und bleibt tatsächlich ein Geheimnis. Es ist und bleibt etwas, das wir letztlich nicht ergründen können. Die Bibel ist nun einmal kein „Paragrafenbuch", in dem wir zu jeder Lebenssituation die richtige Verhaltensweise detailliert beschrieben finden. Dennoch gibt uns Gottes Wort Hinweise und Grundsätze, die zu unserem Nutzen sind. Wenn Gott uns solche Hinweise in seinem Wort gibt, dann tut er es nicht, weil er uns irgendeinen „Spaß" verderben möchte. Es ist zu unserem Glück und zu unserem Segen.

Eine Einteilung

Ich möchte unser Thema zuerst ein wenig einteilen, damit wir es besser erfassen können:

- Im ersten Teil geht es um einige grundsätzliche Aussagen über die Ehe. Der Zielpunkt der Partnerwahl ist ja die Ehe. Wenn wir das Ziel nicht kennen, können wir kaum den richtigen Weg einschlagen.

- Im zweiten Teil kommen wir zu dem Kernpunkt unserer Überlegungen. Wir stellen uns die Frage: Was hat die Bibel konkret zum Thema Partnerwahl zu sagen? Wie können wir vorgehen und welche Fehler sind zu vermeiden?

- Im dritten Teil wird uns die Zeit der Verlobung beschäftigen. Was bedeutet es, verlobt zu sein? Welchen Stellenwert hat diese Zeit, die der Ehe unmittelbar vorausgeht?

- Danach gibt es noch einen vierten Teil, der rein chronologisch eher an den Anfang gehört. Es geht um die Zeit, die der eigentlichen Partnerwahl vorausgeht. Es geht um das Thema Freundschaft zwischen Jungen und Mädchen. Ich habe diesen Punkt aber ganz bewusst an das Ende gesetzt.

Teil 1: Die Ehe – von Gott gegeben

Bevor wir uns mit dem eigentlichen Thema der Partnerwahl und der Verlobung beschäftigen, müssen wir zuerst sehen, was Ehe nach Gottes Gedanken wirklich bedeutet. Ziel der Partnerwahl ist ja, dass man heiratet. Die dann zunächst beginnende Verlobungszeit bereitet uns auf die Ehe vor. Der griffige Spruch „Der Weg ist das Ziel" bringt uns ganz sicher hier nicht weiter. Wir müssen zuerst wissen, wohin die Reise eigentlich gehen soll, bevor wir uns auf den Weg machen. Über die Ehe gibt es viele diffuse Gedanken. Doch das, was die Bibel dazu sagt, ist sehr klar.

1.   Warum eigentlich heiraten?

In einem Internetforum wurde vor einiger Zeit die Frage gestellt: „Warum eigentlich heiraten?" Die Antworten sind zum Teil erschreckend. In keiner einzigen Reaktion war die Rede davon, dass Gott uns die Ehe zum Segen und Glück gegeben hat. Einige Antworten unter vielen gebe ich hier wieder:

- *Man heiratet, weil man so erzogen worden ist!*
- *Frauen heiraten wegen der vermeintlichen Sicherheit einer Ehe. Männer aus Dummheit, weil sie so leicht um den Finger zu wickeln sind!*
- *Es gibt Menschen, die heiraten aus religiösen Gründen!*

- *Steuern spart man dabei auch!*
- *Aus Liebe? Glaub ich eher nicht!*

Wenn das alles ist, sollte man besser gar nicht ans Heiraten denken. Aber zum Glück ist das nicht alles. Im Gegenteil. Die Antworten gehen total an der biblischen – und damit göttlichen – Sichtweise vorbei.

Warum also heiraten? Vielleicht hast Du zu Hause gelernt, dass man nur dann Geschlechtsverkehr haben soll, wenn man verheiratet ist. Das stimmt. Wenn allerdings jemand daraus die Schlussfolgerung zieht, Sex sei das Wesentliche an einer Ehe, hat er sich gewaltig geirrt. Die Ehe ist in der Tat die einzige legale Möglichkeit zum Intimverkehr – aber sie ist viel mehr. Das sexuelle Zusammensein allein kann niemals die Basis für eine gute Ehe sein. Auch Nachkommen sind nicht der eigentliche Zweck der Ehe. Es ist eine Gnade, wenn Gott einem Ehepaar Kinder gibt. Er hat ja selbst gesagt: „Seid fruchtbar und mehrt euch" (1. Mo 1,28). Aber auch das ist nicht der primäre Grund, eine Ehe zu schließen. Es gibt kinderlose Ehen, die sehr gesegnet und glücklich sind.

Der wesentliche Zweck der Ehe ist, dass zwei Menschen miteinander glücklich sind und gemeinsam zur Ehre Gottes leben! So hat es Gott von Anfang an gewollt. Die Ehe wurde nämlich nicht von Menschen erfunden, sondern von Gott selbst eingerichtet. Adam und Eva waren die ersten Menschen. Gott hat die beiden in der Ehe zu einer wunderbaren und untrennbaren Einheit zusammengefügt – und zwar als sie noch in Unschuld lebten und die Sünde noch nicht in die Welt gekommen war. Gleichzeitig hat Gott damit ein Bild von Christus und seiner Versammlung (Gemeinde) gegeben. Darauf kommen wir später zurück.

Die Ehe ist die innigste und engste Form menschlichen Zusammenlebens auf dieser Erde. Sie ist, wie jemand einmal sehr treffend gesagt hat, eine Lebens-, Liebes- und Dienstgemeinschaft.

Gott hatte die Schöpfung wunderbar bereitet. Er hatte die Tiere geschaffen und dann Adam. Adam war mit Weisheit ausgestattet. Aber Adam war allein. Als die Tiere zu ihm kamen, gab er ihnen Namen. Ob er es empfunden hat, dass er selbst allein war? Jedenfalls lesen wir die Worte Gottes: „Es ist nicht gut, dass der Mensch allein sei; ich will ihm eine Hilfe machen, die ihm entspricht" (1. Mo 2,18). Mann und Frau gehören nach der Schöpfungsordnung Gottes zusammen. Sie bilden zusammen eine wunderbare Einheit. Diese Einheit nennt Gott „*den Menschen*" (1. Mo 1,27).

Das Neue Testament bejaht die Ehe ebenfalls an vielen Stellen. Der Herr Jesus selbst war bei einer Hochzeit zugegen. Er trug sogar zu ihrem Gelingen bei (Joh 2,1-11). Die Briefe der Apostel sprechen an verschiedenen Stellen über die Ehe. In der Offenbarung schließlich wird das Bild einer Hochzeit gebraucht, um die ewige

Vereinigung des Herrn Jesus mit seiner himmlischen Braut (die Versammlung, die Gemeinde) in für uns fassbaren Worten zu beschreiben (Off 19,7-9). Das zeigt uns, welchen Stellenwert die Ehe in den Augen Gottes hat.

2.   Unterschiedlich geschaffen

Gott hat Mann und Frau unterschiedlich geschaffen. Natürlich wissen wir alle, dass eine Frau anders aussieht als ein Mann. Doch damit ist es nicht getan. Der Mensch besteht ja nicht nur aus einem Körper, sondern er besteht aus Geist, Seele und Körper. Das lesen wir z. B. in 1. Thessalonicher 5,23. Neben den körperlichen Unterschieden gibt es wesentliche Unterschiede nach Geist und Seele. Das bedeutet: Wir sind dem Wesen nach verschieden. Obwohl Mann und Frau in der Ehe eine Einheit bilden, bleiben die von Gott gegebenen Unterschiede erhalten. Die Unterschiede will man heute vielfach nicht mehr akzeptieren. Wahr bleibt es trotzdem. Gott hat uns Menschen männlich und weiblich geschaffen. Eben andersartig. Das lesen wir im ersten Buch Mose gleich zweimal (1. Mo 1,27 und 5,2). Gott hat zwei Geschlechter geschaffen, das männliche Geschlecht und das weibliche Geschlecht. Gott wollte es so. Er als Schöpfer kann allein über die Unterschiede zwischen Mann und Frau verfügen. Es ist nicht in unsere Autorität und Befugnis gestellt, über die Unterschiede der Geschlechter zu entscheiden oder gar über sie zu verfügen. Das steht allein unserem Schöpfer zu. Er hat es in seiner Weisheit für gut befunden, uns Menschen männlich und weiblich zu schaffen, also Mann und Frau. Und das ist gut so für uns.

Es ist einfach unsinnig, diese Unterschiede wegdiskutieren zu wollen. Mann und Frau sind andersartig. Aber Vorsicht: Andersartig bedeutet nicht, dass wir im Wert unterschiedlich wären. Wer das behauptet, sagt nicht die Wahrheit. Mann und Frau sind sehr wohl gleichwertig. Trotzdem sind sie nicht gleichartig. Das ist ein Unterschied, den wir lernen müssen.

Ein Mann funktioniert – so will ich es einmal ausdrücken – anders als eine Frau. Eine Frau funktioniert anders als ein Mann. Wenn wir es in der Sprache unserer Zeit sagen, dann hat Gott uns Männern und Frauen eine unterschiedliche „Software" gegeben. Wir „ticken" nicht gleich. Wir sind unterschiedlich. Es ist wichtig, dass wir das begreifen und akzeptieren! Weil wir in unserem Wesen verschieden sind, sind wir auch in unserem Aufgaben- und Verantwortungsbereich verschieden. Damit hier kein falscher Eindruck aufkommt: Das hat überhaupt nichts mit Diskriminierung zu tun. Ich möchte es noch einmal ganz deutlich unterstreichen: Mann und Frau sind gleichwertig, aber nicht gleichartig.

Die Frau ist in einer Ehe häufig die Seele, das Herz. Der Mann ist das „Haupt", d. h. er hat die Führungsverantwortung. Beide überlegen gemeinsam, aber der Mann trägt vor Gott eine besondere Verantwortung. Er soll der Ruhepol sein. Er soll seiner Frau eine Atmosphäre der Geborgenheit schaffen. Er soll der Ehe Stabilität geben. Die Frau dagegen ist ihm eine wertvolle Hilfe bei seinen Entscheidungen. Das hat Gott zu unserem Nutzen so bestimmt.

Die Ehe ist eine wunderbare Einheit von Mann und Frau – und zwar nach Geist, nach Seele und nach Leib. Da ist keiner dem anderen überlegen. Aber vom Wesen her sind und bleiben wir nun einmal unterschiedlich. Der Mann ist aus dem Staub der Erde gebildet. Möglicherweise ist das einer der Gründe, warum viele Männer in ihrem Wesen eher rational denkend und sachbezogen sind. Die Frau hingegen ist aus einer Rippe des Mannes, die in der Nähe des Herzens ist, gemacht worden. Vielleicht sind Frauen aus diesem Grund eher emotional und personenbezogen. Wenn wir uns mit der Ehe beschäftigen, müssen wir wissen und beachten, dass wir unterschiedlich sind. Frauen reagieren in bestimmten Situationen ganz anders als Männer und umgekehrt. Das zu lernen und zu berücksichtigen, ist gar nicht so einfach. Bei mir hat es jedenfalls eine ganze Zeit gedauert, bis ich es einigermaßen verstanden habe.

3. Die Ehe – zu einer Einheit zusammengefügt

Ich habe schon gesagt, dass die Ehe eine wunderbare Einheit ist. Als Gott Eva schuf, bekam Adam eine Hilfe „seinesgleichen" oder „ihm entsprechend". Die beiden waren wie zwei Teile, die zusammen ein wunderbares Ganzes bilden. In der Ehe ist einer für den anderen da. Der Mann hat die Führungsverantwortung. Die Frau hilft ihm dabei. Beide ergänzen sich nach der Fähigkeit, die Gott jedem gegeben hat. Eine Hilfe zu sein, ist übrigens nicht minderwertig. Es ist ein großer Irrtum, zu denken, die Frau sei nur dafür da, die Wäsche zu machen, das Essen zu kochen und sich um die Kinder und den Haushalt zu kümmern. Wenn das so wäre, hätte Gott uns Männern eine Magd oder Haushälterin geben können. Genau das hat er nicht getan. Er fügt Mann und Frau zu einer Einheit zusammen.

Gott hat Mann und Frau also füreinander geschaffen, und zwar nach:

- Geist (geistig und geistlich)
- Seele (seelisch)
- Leib (körperlich)

Das sind die drei (bzw. vier) Bereiche, in der Mann und Frau in der Ehe eine Einheit bilden. Das Körperliche steht nicht an erster Stelle. Es gehört dazu. Ganz klar. Aber es ist nicht das Wichtigste. Körperlich eins zu werden, ist nicht so schwierig. Die eigentliche Herausforderung in der Ehe besteht darin, eine geistige, geistliche und seelische Einheit zu bilden. Gerade in diesen beiden Bereichen liegen ein wunderbarer Segen und ein wunderbares Glück.

Zuerst gibt es eine Einheit nach Geist und Seele. Danach kommt die körperliche Einheit. Deshalb will Gott die körperliche Vereinigung nur in der Ehe haben. Sie ergänzt die Einheit nach Geist und Seele. Sie geht dieser niemals voraus.

Wenn wir allein sind, fehlt uns etwas. Die Frau, die Gott Dir geben will, ergänzt Dich. Sie ist anders als Du, aber Du brauchst sie. Der Mann, den Du suchst, wird Dich ergänzen. Das bleibt so. Der Mann braucht die Frau. Die Frau braucht den Mann. So hat es Gott gewollt. Die männliche Natur wird durch die weibliche Beschaffenheit in einer wunderbaren Harmonie ergänzt und umgekehrt – und zwar nach Geist, Seele und Leib.

Mann und Frau sind durch die Liebe miteinander verbunden. Diese Liebe ist auf den anderen ausgerichtet. „Die Liebe sucht nicht das Ihre" (1. Kor 13,5). Da hat der Egoismus keinen Platz. Gott hat uns die Ehe nicht gegeben, damit wir selbst zuerst Erfüllung finden. Die Ehe ist jedem *Einzelnen* von uns zum Segen gegeben. Das stimmt. Gleichzeitig ist sie ein permanentes Training, eben kein Egoist zu sein, sondern für den *anderen* zu leben. Die Liebe – die zwei Eheleute verbindet – fragt gerade danach, was sie dem *anderen* Gutes tun kann. In einer guten Ehe ist einer für den anderen da. Jeder hilft seinem Partner. Er ergänzt ihn. Er tut ihm Gutes. Liebe ist Hingabe an den Partner, den Gott Dir geben will.

4. Der Weg des Mannes zu einer Frau – ein Geheimnis

Der weise Agur hatte erkannt, dass er den Weg eines Mannes zu einer Frau nicht begreifen konnte (Spr 30,19). Niemand kann diesen Weg im Detail erfassen oder beschreiben. Allerdings gibt Gott uns *Grundsätze*, die wir zu unserem Nutzen beachten wollen. Eine zentrale Aussage lesen wir gleich am Anfang der Bibel. Eine Aussage, die im Neuen Testament mehrfach wiederholt wird. „Darum wird ein Mann seinen Vater und seine Mutter verlassen und seiner Frau anhangen, und sie werden *ein* Fleisch sein" (1. Mo 2,24).

Die drei wesentlichen Schritte, die Grundlage für eine glückliche Ehe sind, haben sich bis heute nicht verändert.

1. Verlassen von Vater und Mutter.
2. Anhangen an seiner Frau (und umgekehrt an den Mann).
3. Ein Fleisch sein.

Daraus lernen wir Folgendes:

- Gott fügt in der Ehe immer *zwei* Geschlechter zusammen. Gleichgeschlechtliche Lebensgemeinschaften – das bestätigen Altes und Neues Testament übereinstimmend – sind gegen die Natur. Sie sind gegen den ausdrücklichen Willen Gottes! Solche Verbindungen sind für unseren Herrn ein Gräuel (vgl. z. B. Röm 1,26.27). Wir sollten sie nicht anders sehen. Das schließt natürlich keineswegs aus, dass es Freundschaften zwischen Jungen und Jungen (Männern und Männern) sowie zwischen Mädchen und Mädchen (Frauen und Frauen) gibt. Im Gegenteil, solche Freundschaften kann ich nur empfehlen. Sie können von großem Segen sein. Jeder Gedanke an den geschlechtlichen Bereich muss in solchen Freundschaften allerdings konsequent ausgeschlossen sein.

- Gott spricht in Verbindung mit der Eheschließung von *„verlassen"*. Verlassen bedeutet, dass Du das bisherige Umfeld aufgibst. Ein Ehepaar muss sowohl finanziell/wirtschaftlich als auch geistig/geistlich auf eigenen Füßen stehen können. Als Mann musst Du in der Lage sein, Deine künftige Familie in jeder Weise zu versorgen. Kinder müssen erzogen werden. Diese Selbstständigkeit ist ein Prozess und braucht Zeit. Ein junger Mann ist nicht von heute auf morgen selbstständig und eine junge Frau genauso wenig. Deshalb diese Aufforderung zum „Verlassen". Das gilt übrigens nicht nur für die Männer, sondern auch für die Frauen. In Psalm 45,11 lesen wir: „Höre, Tochter, und sieh, und neige dein Ohr; und vergiss dein Volk und das Haus deines Vaters!" Zum Glück braucht heute kaum jemand seine Eltern zu „vergessen". Trotzdem gilt es, das Elternhaus zu „verlassen".

• Mann und Frau werden einander *„anhangen"*. Das ist Ausdruck der geistigen, geistlichen und seelischen Einheit, von der wir gesprochen haben. Es ist ein Prozess, der in der Verlobungszeit beginnt, aber erst mit der Eheschließung die körperliche Einheit beinhaltet. Anhangen bedeutet „zusammenkleben", „eine Einheit werden". Es ist eine totale Lebenseinheit – und zwar solange beide Ehepartner leben. Die Ehe ist nach Gottes Gedanken kein unverbindliches und lockeres Zusammenleben auf Zeit. Die Ehe ist immer ein verbindliches Treueversprechen. Sie ist auf Lebenszeit ausgelegt. Gott sagt ganz klar: „Ich hasse Entlassung" (Mal 2,16). Trennen und scheiden wir eine Ehe, handeln wir gegen den ausdrücklichen Willen Gottes. Der Herr Jesus selbst zitiert diesen Vers aus 1. Mose 2,24 und verbindet damit den wichtigen göttlichen Grundsatz: „Was nun Gott zusammengefügt hat, soll der Mensch nicht scheiden" (Mk 10,9).

- Mann und Frau werden nach Gottes Gedanken erst in der Ehe „ein Fleisch". Das schließt das geschlechtliche Zusammensein von Mann und Frau ein. „Ein Fleisch" werden ist dabei mehr als sexuelle Gemeinschaft, die Gott übrigens nicht nur zur Fortpflanzung, sondern genauso zur Freude von Mann und Frau gegeben hat. Sie krönt die völlige Liebes- und Lebenseinheit zweier Menschen nach Geist, Seele und Leib. Wie Gott das zusammenführt, ist in der Tat für uns Menschen ein Wunder.

5. Die Ehe – ein Bild von Christus und seiner Versammlung (Gemeinde)

Eine weitere Stelle, in der 1. Mose 2,24 im Neuen Testament zitiert wird, findet sich in Epheser 5. Dort schreibt Paulus: „Deswegen wird ein Mensch den Vater und die Mutter verlassen und seiner Frau anhangen, und die zwei werden *ein* Fleisch sein. Dieses Geheimnis ist groß; *ich* sage es aber in Bezug auf Christus und auf die Versammlung" (Eph 5,31.32). Hier lernen wir, dass die christliche Ehe nicht nur eine wunderbare Verbindung von Mann und Frau ist, sondern gleichzeitig auf die Wahrheit von Christus und seiner Versammlung (Gemeinde) hinweist. Es ist wahr, Gott möchte uns in der Ehe glücklich machen. Es ist wahr, dass Gott die Ehe segnet, indem er uns glücklich macht und in den meisten Fällen Kinder schenkt. Es ist allerdings genauso wahr – und das geht weit darüber hinaus –, dass die *irdische* Beziehung zwischen Mann und Frau in der Ehe ein Abbild der *himmlischen* Beziehung zwischen Christus und seiner Versammlung sein soll. Die Versammlung ist die Summe aller gläubigen Menschen in der Zeit der Gnade. Sie hat in den Augen des Herrn Jesus einen sehr hohen Wert. Er hat sein Leben für sie gegeben. So wie Christus diese Versammlung liebt, sollen Männer ihre Ehefrauen lieben. So wie Christus für seine Versammlung sorgt, sollen christliche Ehemänner um ihre Ehefrauen besorgt sein. So wie die Versammlung Christus untergeordnet ist, soll die christliche Ehefrau ihrem Mann untergeordnet sein.

Eva wurde aus der Seite Adams „genommen". Adam „entschlief", und Gott baute Eva aus seiner Rippe. So ist der Herr Jesus gestorben, um sich die Versammlung zu erwerben. Sein Tod am Kreuz war nötig, damit Gott ihm die Versammlung geben konnte. Das zeigt deutlich, welch einen Wert die Versammlung sowohl für Gott wie auch für den Herrn Jesus selbst hat. Adam freute sich, als Eva ihm gegeben wurde.

Viel mehr freut sich der Herr Jesus über seine Versammlung. Dabei wird uns klar: Die Wirklichkeit geht weit über das Bild hinaus. Der Herr Jesus wird *sich selbst* die Versammlung einmal verherrlicht darstellen, die nicht Flecken oder Runzel haben wird (Eph 5,27). Heilig und tadellos werden wir in

Ewigkeit vor dem Herrn Jesus sein, zu seiner Ehre und zu seiner Herrlichkeit.

Diese gewaltig große Wahrheit hatte Gott vor Augen, als er Adam und Eva – in der ersten Ehe überhaupt – miteinander verbunden hat. Davon haben Adam und Eva nichts geahnt. Davon haben all die anderen Ehepaare im Alten Testament nichts geahnt. Erst wir – die wir in der Zeit des Neuen Testaments leben – wissen das.

Die Ehe zeigt uns etwas von der Wahrheit von Christus und seiner Versammlung. Gleichzeitig ist diese Beziehung von Christus zu seiner Versammlung das große Vorbild, an dem sich jede christliche Ehe orientieren soll. Spätestens jetzt muss uns allen klar sein, dass man mit der Ehe nicht spielen kann. Sie ist etwas überaus Schönes. Aber sie ist eben etwas, womit wir nicht leichtfertig umgehen können. Das gilt ebenso für den Weg in die Ehe.

Teil 2: Partnerwahl – eine wichtige Entscheidung

Jetzt kommen wir zum eigentlichen Hauptteil des Buches. Wir haben gelernt, dass die Ehe eine Gabe Gottes ist. Sie hat in seinen Augen einen sehr hohen Stellenwert. Die Ehe ist etwas überaus Schönes. Gott hat sie uns zum Segen und zur Freude gegeben. Gleichzeitig legt er uns damit – Männern und Frauen – eine große Verantwortung auf. Mit der Ehe kann man nicht leichtfertig umgehen.

- Erstens ist die Ehe etwas absolut Verbindliches. Eine Verbindung, die auf Lebenszeit geschlossen wird. Die Eheschließung kann nach den Gedanken Gottes nicht rückgängig gemacht werden. Das zeigt die große Bedeutung der Partnerwahl. Partnerwahl hat für einen Christen einen Stellenwert, den sie in unserer Gesellschaft – leider – längst nicht mehr hat.

- Zweitens ist die Ehe ein wunderbares Bild. Sie bildet das vor, was in den Augen Gottes einen hohen Wert hat: Christus und seine Versammlung. Die irdische und zeitliche Beziehung in der Ehe ist ein Hinweis auf die herrliche, himmlische und ewige Beziehung zwischen Christus und seiner Versammlung. Das gibt der Ehe einen so hohen Stellenwert.

Die Wahl des richtigen Ehepartners ist von entschei-
dender Bedeutung für ein glückliches Leben in der Ehe.
Es ist eine Entscheidung, die wir niemals leichtfertig
treffen können. Eine Entscheidung, die wir nicht nach
unseren eigenen Gedanken und Ideen treffen sollten.
Eine Entscheidung, die wir mit dem Herrn treffen
müssen. Eine Entscheidung, für die wir uns unbedingt
die nötige Zeit und Ruhe lassen sollten.

Die Entscheidung für den Ehepartner ist nach der Be-
kehrung eine der wichtigsten Entscheidungen, die ein
Mensch hier auf dieser Erde trifft. Es ist erschütternd
zu sehen, wie manche – besonders junge – Menschen
sich einen Partner aussuchen, als wenn sie ein Auto,
einen Laptop oder eine neue Jeans kaufen würden.
Liebe junge Freunde, die Wahl des Ehepartners ist
eine wichtige Entscheidung. Ihr stellt damit die Weichen für Euer zukünftiges Leben. Bitte nehmt diese
Entscheidung nicht auf die leichte Schulter! Es ist eine
endgültige Entscheidung!

1. Heiraten oder nicht heiraten?

Der Wunsch zu heiraten ist ein verständlicher Wunsch.
Es ist ein Wunsch, den Gott vielen von uns ins Herz
gibt. Wenn Du diesen Wunsch hast, dann ist er völlig
in Ordnung. Wir werden das gleich noch sehen. Vielleicht gibt es aber den einen oder anderen Leser, der
sich die Frage stellt, ob er denn überhaupt heiraten

soll oder ob es richtig ist, wenn er heiratet. Gott hat gesagt, dass es nicht gut ist, wenn der Mensch allein ist. Das stimmt. Wenn wir die Dinge von einem rein natürlichen Standpunkt aus sehen, dann fehlt uns etwas, wenn wir ledig bleiben. Es ist völlig normal – d. h. von unserem Schöpfer-Gott gegeben –, wenn wir uns nach einem Ehepartner sehnen.

Heiraten – kein Gebot

Das heißt jedoch nicht, dass wir verpflichtet sind, zu heiraten. Es gibt kein Gebot zu heiraten. Die Ehe ist eine *Gabe* Gottes. Sie ist kein *Befehl* Gottes. Niemand von uns *muss* heiraten. Nach einem Vortrag über die Ehe kam ein junger Mann zu dem Prediger und sagte: „Wenn ich das alles höre und überdenke, was Sie heute Abend über die Ehe gesagt haben, frage ich mich ernsthaft, ob ich überhaupt heiraten soll." Hast Du diese Frage auch? Wenn die Ehe ein so großartiges Bild von Christus und der Versammlung sein soll – bin ich dann überhaupt fähig zu heiraten? Soll ich dann überhaupt heiraten? Nun, wenn der Herr Dir den Wunsch nach einem Ehepartner ins Herz gibt und Dir dann eines Tages den richtigen zeigt, dann geh mit Deinem Herrn in die Ehe. Diese Frage können wir unbedingt bejahen. Es gibt auf der einen Seite viele glückliche Ehen, die uns zeigen, dass es sich lohnt, den Schritt in die Ehe zu wagen. Es gibt auf der anderen Seite aber durchaus Beispiele von Menschen, die besser nicht geheiratet hätten und es trotzdem getan haben. Wenn Du hingegen die Frage stellst: „*Muss* ich überhaupt heiraten?", dann möchte ich Dir sagen: „Niemand *muss* heiraten, um im Leben glücklich zu werden."

Die Ehe ist kein Befehl, sondern eine Gabe Gottes. Die Ehe ist etwas Großartiges, etwas Schönes. Gott hat uns die Ehe gegeben, damit wir unseren Weg nicht allein gehen müssen. Dennoch gibt es gerade im Christentum durchaus einen Weg, nicht zu heiraten. Es wäre falsch, wenn wir völlig verkrampft nach einem Lebenspartner suchen, nur um verheiratet zu sein. Es gibt viele glückliche Christen, die nicht verheiratet sind.

Für die Ehe geeignet

Das Thema „Heiraten oder nicht heiraten?" wird im Neuen Testament aufgegriffen. Der Herr Jesus selbst hat mit seinen Jüngern darüber gesprochen. Bitte lies dazu Matthäus 19,3–12! Ausgangspunkt seiner Belehrungen ist die Frage, ob eine Ehescheidung möglich ist oder nicht. Nachdem der Herr Jesus dieser Frage eine klare Absage erteilt hat, kommen die Jünger mit einer anderen Frage bzw. Feststellung: „Wenn die Sache des Mannes mit der Frau so steht, dann ist es nicht ratsam zu heiraten." Darauf gibt der Herr Jesus folgende Antwort: „Nicht alle fassen dieses Wort, sondern die, denen es gegeben ist; denn es gibt Verschnittene, die von Mutterleib so geboren sind; und es gibt Verschnittene, die von den Menschen verschnitten worden sind; und es gibt Verschnittene, die sich selbst verschnitten haben um des Reiches der Himmel willen. Wer es zu fassen vermag, der fasse es" (Mt 19, 10–12). Um diese – auf den ersten Blick etwas schwierige – Aussage richtig zu verstehen, müssen wir klären, was der Herr Jesus mit „verschnitten" meint. Um es ganz einfach auszudrücken: Es bedeutet, dass jemand für die Ehe nicht geeignet ist und deshalb nicht heiratet. Der Herr Jesus gibt dafür drei Gründe an:

- *Erstens* gibt es Menschen, die von Mutterleib so geboren sind, dass sie für eine Ehe nicht infrage kommen. Sie sind von Natur aus nicht fähig, eine Ehe zu führen. Gründe dafür können z. B. Krankheiten oder Missbildungen sein.

- *Zweitens* – und das ist ein sehr ernster Gedanke für uns Ältere – gibt es solche, die von den Menschen verschnitten worden sind. Ihr Umfeld ist dafür verantwortlich, dass sie unfähig sind, eine Ehe zu führen. Häufig tragen die Eltern oder andere Bezugspersonen dafür die Verantwortung. Es kann z. B. sein, dass Eltern in der Erziehung solche Fehler gemacht haben, dass die Kinder nicht heiraten können. Es kann sein, dass ihre eigene Ehe ein so abschreckendes Beispiel war, dass die Kinder nie eine Ehe eingehen würden. Das sollten alle Eltern gut bedenken.

- *Drittens* gibt es solche, „die sich selbst verschnitten haben um des Reiches der Himmel willen". Das sind Männer und Frauen, die deshalb nicht heiraten, weil sie sich der Sache ihres Herrn verschrieben haben und durch die Ehe davon nicht abgehalten werden wollen. Sie nutzen ihren Stand als Ledige, um dem Herrn besser dienen zu können. Diesen Punkt greift der Apostel Paulus in 1. Korinther 7 auf. Er schreibt dort: „Also, wer heiratet, tut wohl, und wer nicht heiratet, wird besser tun" (V. 38). Dieser Vers hat zu manchen Fragen Anlass gegeben. Auf den ersten Blick scheint dieser Vers ein Widerspruch zu der Aussage zu sein, dass es nicht gut ist, wenn der Mensch allein ist. Allerdings nur auf den ersten Blick. Paulus bestätigt, dass es gut ist zu heiraten, aber er zeigt uns im Christentum einen höheren und besseren Weg. Für den natürlichen Menschen gibt es tatsächlich nichts Besseres, als zu heiraten. Für den Christen hingegen gibt es etwas Besseres. Was ist das? Es ist, sich ganz dem Herrn und seiner Sache zu weihen. Das bedeutet natürlich im Umkehrschluss nicht, dass verheiratete Menschen ihrem Herrn nicht auch dienen können. Aber sie unterliegen einfach gewissen Einschränkungen.

Wenn jemand verheiratet ist, muss er Zeit investieren. Zeit für seinen Ehepartner. Zeit für seine Familie. Das ist völlig normal. Es ist sogar seine Pflicht. Wer nicht verheiratet ist, ist von solchen Aufgaben befreit. Was tut er mit dieser Zeit? Er soll sie seinem Herrn zur Verfügung stellen. Paulus selbst war dafür ein Beispiel. Er hätte sein Arbeitspensum für den Herrn nie in dieser Form erledigen können, wenn er verheiratet gewesen wäre. Um aufs Heiraten verzichten zu können, braucht es aber eine besondere Gabe, die nur Gott uns geben kann (1. Kor 7,7). In unserer menschlichen Natur liegt das nicht. Das ist wohl der Grund, warum die meisten Kinder Gottes verheiratet sind.

Wenn Du also (noch) nicht verheiratet bist, brauchst Du ganz bestimmt keine Minderwertigkeitskomplexe zu bekommen. Du verlierst zwar auf der einen Seite etwas. Auf der anderen Seite aber bekommst Du viel dazu. Wenn der Herr Dir (noch) keinen Ehepartner gegeben hat, dann sieh das nicht als Nachteil, sondern als Vorteil an! Als Chance, Deinem Herrn besser zu dienen! Das ist der entscheidende Punkt, um den es in 1. Korinther 7 geht.

Wer verheiratet ist, muss Zeit aufwenden, um seine Ehe zu pflegen. In diesem Sinn kostet die Ehe etwas – Du musst viel investieren. Wer nicht verheiratet ist, hat mehr freie Zeit. Frei wofür? Für sich selbst? Nein, sondern für den Herrn. Wer also nicht verheiratet ist, der soll diesen Stand für den Herrn benutzen.

Graf von Zinzendorf, der Gründer der Herrnhuter Brüdergemeine und Dichter zahlreicher Lieder, hatte eine einäugige Magd. Sie hieß Anna Helene und war nicht verheiratet. Zinzendorf sagte einmal von ihr: „Sie hat so viele Seelen unter den Frauen gewonnen, dass es unglaublich ist. Wenn eine Person in ihr Haus eintrat, so wurde sie schon für errettet angesehen." Sie nutzte ihren Stand für den Herrn!

Wenn sich also ein (junger) Mensch, der es mit der Nachfolge hinter seinem Herrn her ernst meint, aus diesen Gründen gegen die Ehe entscheidet, sollten andere das respektieren. Es gibt genügend Beispiele großer Männer und Frauen Gottes, die sich bewusst gegen die Ehe entschieden haben, um ganz für ihren Herrn da sein zu können. Paulus ist das herausragende Beispiel. Aus der Kirchengeschichte könnte man eine ganze Reihe von Namen nennen. Es ist ganz bestimmt nicht gut, wenn andere in solchen Fällen irgendwann anfangen, hinter dem Rücken des Betroffenen zu tuscheln. Noch schlimmer ist es, wenn versucht wird, irgendetwas zu „arrangieren", um ihn – oder sie – endlich „unter die Haube zu bringen". Andererseits ist es genauso verkehrt, wenn sich (junge) Menschen aus egoistischen Motiven heraus gegen die Ehe entscheiden. Ein solches Motiv könnte

z. B. sein, ein bequemes Leben für sich selbst führen zu wollen.

2.   Gottes Handeln und unser Handeln

Wenn wir über den Weg in die Ehe nachdenken, dann ist uns hoffentlich allen klar, dass es Gott ist, der den richtigen Ehepartner für uns bestimmt. Er weiß, welche Frau bzw. welchen Mann Du brauchst. Dennoch stellen wir beim Lesen der Bibel fest, dass uns zwei Seiten gezeigt werden, die sich auf den ersten Blick zu widersprechen scheinen.

Die Seite Gottes

Die erste Seite ist die, dass der Lebenspartner von Gott kommt. Gott sieht den Wunsch nach einem Lebenspartner und er hat die richtige Antwort dafür. Gott war es, der gesehen hatte, dass Adam einsam war. Deshalb sagt Gott: „Es ist nicht gut, dass der Mensch allein sei; ich will ihm eine Hilfe machen" (1. Mo 2,18). Adam konnte für diese Hilfe nicht selbst sorgen. Der Zusammenhang, in dem das berichtet wird, ist interessant. Die unterschiedlichen Tiere kamen zu Adam, und er gab ihnen Namen (1. Mo 2,20). Adam hat gesehen, dass Gott Männchen und Weibchen geschaffen hat. Was mag er dabei empfunden haben? Hat er gedacht: „Wie sonderbar, die Tiere kommen paarweise zu mir, nur ich bin allein! Für mich gibt es kein ‚Gegenstück', das mir entspricht und mit dem ich kommunizieren kann"? Wir wissen es nicht. Es könnte aber gut so gewesen sein. Doch Gott sorgte für ihn. Er wollte Adam eine Frau geben, mit der er als Mensch Gemeinschaft haben konnte. Gott wollte ihm sogar mehr geben: Die Frau sollte ihm entsprechen. Mit ihr sollte er glücklich werden. Adam hatte übrigens gut verstanden, dass die Frau von Gott kam. Nachdem Eva von der verbotenen Frucht genommen und ihrem Mann davon gegeben hatte, sagte er zu Gott: „Die Frau, die *du* mir beigegeben hast …" (1.Mo 3,12).

Wir lernen, dass Gott uns den richtigen Ehemann bzw. die richtige Ehefrau geben will. Das ist ein Grundsatz, den wir sehr klar vor Augen haben müssen. Wir sind nicht auf uns selbst angewiesen, sondern wir vertrauen Gott, dass er uns den richtigen Lebenspartner gibt. Salomo, der weise Prediger, sagt: „Haus und Gut sind ein Erbteil der Väter, aber eine einsichtsvolle Frau kommt von dem HERRN" (Spr 19,14). Ein Ehepartner ist ein Geschenk Gottes, für das wir beten. Diese Seite möchte ich gerne deutlich unterstreichen. Du kannst in Ruhe Deinem Herrn vertrauen, dass er Dir Deinen richtigen Lebenspartner gibt.

Die andere Seite wollen wir nicht vernachlässigen. Es ist die Seite unseres eigenen Suchens. Wir sind keineswegs zu untätigem Warten verurteilt. Es liegt durchaus in unserer eigenen Verantwortung, den richtigen Partner zu finden. Es ist bis heute noch kein Zettel vom Himmel gefallen, auf dem steht, wen jemand heiraten soll. Das wird sich nie ändern. Du bekommst ganz bestimmt nicht plötzlich eine E-Mail, in der steht, wer Dein Lebenspartner sein wird. Nein, so geht es ganz sicher nicht. Gott spricht in der Bibel in Verbindung mit der Wahl des Ehepartners vom „finden". Wir lesen in den Sprüchen: „Eine tüchtige Frau, wer wird sie *finden*?" – „Einen zuverlässigen Mann, wer wird ihn *finden*?" – „Wer eine Frau *gefunden*, hat Gutes gefunden" (Spr 31,10; 20,6; 18,22). Wenn Du etwas gefunden hast, musst Du es vorher gesucht haben. Das ist unsere Seite. Am Anfang des zweiten Buches Mose lesen wir von einem Mann aus dem Haus Levi. Was tat er? Er ging hin und nahm sich eine Tochter Levis (2. Mo 2,1). Er wartete nicht einfach ruhig ab, bis irgendetwas passierte. Nein, er wurde selbst aktiv. Als der Knecht Abrahams eine Braut für Isaak holen sollte, hatte Gott alles vorher bestimmt. Er hatte festgelegt, wen Isaak bekommen sollte. Dennoch wäre aus alledem nichts geworden, wenn der Knecht nicht losgezogen wäre und gesucht hätte.

Diese beiden Seiten – das Handeln Gottes auf der einen und unsere Verantwortung auf der anderen Seite – widersprechen sich nicht. Im Gegenteil. Sie ergänzen sich. David schreibt einmal – wenn auch in einem anderen Zusammenhang –: „Eins habe ich von dem Herrn erbeten", und dann fährt er fort: „danach will ich trachten" (Ps 27,4). Trachten bedeutet, sich nach etwas ausstrecken, sich darum bemühen. Das sind diese beiden Seiten: Einerseits erbitten wir etwas von unserem Herrn, andererseits bemühen wir uns dann auch darum und legen nicht die Hände in den Schoß. So spielt bei der Partnerwahl das Gebet eine entscheidende Rolle. Wie sollten wir sonst den Willen unseres Herrn erkennen? Aber dann müssen wir auch selbst handeln!

Es gibt in der Bibel zwei große Linien, die oft nebeneinander herlaufen. Zum einen gibt es das Handeln Gottes in Gnade. Er gibt uns den Lebenspartner. Dafür sollten wir intensiv beten. Zum anderen gibt es die Verantwortung auf unserer Seite. Wir „trachten" danach, den Partner zu finden, den Gott für uns ausgesucht hat. Die Entscheidung für einen Ehepartner ist von größter Tragweite. Sie berührt unser innerstes Sein. Je mehr wir das spüren, umso sorgfältiger werden wir vorgehen. Umso intensiver werden wir beten.

3.   Fehlermöglichkeiten

Jetzt wollen wir uns einmal etwas näher ansehen, wie „unsere Seite" im Detail aussieht. Wie können wir denn „im Herrn" heiraten, wozu der Apostel Paulus in 1. Korinther 7,39 auffordert? Welche Voraussetzungen gibt es? Beginnen wir mit den Fehlermöglichkeiten. Leider können wir bei der Partnersuche tatsächlich manchen Fehler machen. Es gibt da einige Klippen, die man auf den ersten Blick nicht unbedingt sieht. Es sind Klippen, an denen man schnell scheitern kann.

Sechs Klippen

Es ist gut, wenn wir uns zunächst darüber im Klaren sind, dass wir Fehler machen können. Auf diese Weise können wir sie leichter vermeiden. Wir werden im weiteren Verlauf noch öfter auf Fehlermöglichkeiten zu sprechen kommen. An dieser Stelle möchte ich schon mal vorab einige Klippen nennen, die sich uns in den Weg stellen können:

• *Erste Klippe:* Du verwechselst das berühmte Kribbeln im Bauch mit Liebe. Ein junger Mann sieht ein nettes Mädchen. Sie ist blond und sieht super aus. Wenn sie ihn mit ihren großen Augen ansieht, wird ihm ganz schön mulmig. Der Blutdruck steigt. Das Herz schlägt schneller. Er ist

– wie man so schön sagt – total verliebt. Ein junges Mädchen sieht am Strand einen tollen Mann. Braun gebrannt. Dreitagebart. Waschbrettbauch. Er gefällt ihr. Er spricht sie an. Während er mit ihr redet, fahren ihre Gefühle Achterbahn.

- Achtung, liebe Freunde! Wenn Euch so etwas passiert – und es kann sehr schnell passieren –, müssen erst einmal alle Alarmglocken angehen. Denkt bitte an Folgendes:
  Verliebt zu sein ist schön, aber echte Liebe ist etwas ganz anderes. Liebe auf den ersten Blick ist in etwa so zuverlässig wie die Diagnose eines Arztes auf den ersten Händedruck. Darauf würde sich niemand ernsthaft verlassen wollen.

- Jemand hat einmal gesagt, dass sich echte Liebe mindestens zu 50% im Kopf abspielt. Wenn man „nur" verliebt ist, dann ist das zu 100% eine Sache der Gefühle. Das Gefühl gehört schon dazu. Aber Gefühle – so schön sie sein mögen – sind keine feste Basis, auf der man eine Ehe gründen kann. Auf schöne Gefühle ist kein Verlass.

- *Zweite Klippe*: Es ist sehr gefährlich, wenn Du Dich bei der Partnerwahl zu stark von äußeren Dingen beeinflussen lässt. Für einen Mann ist oft die erste Frage: „Ist sie hübsch? Hat sie eine tolle Figur?" Frauen denken vielleicht an die soziale Stellung, den Beruf, das Geld usw. Andere stellen die Frage:

„Ist mein zukünftiger Partner musikalisch? Ist er sportlich? Ist er aktiv? Ist er reiselustig? Ist er blond oder schwarz?" Wir könnten leicht Fortsetzung machen. Solche Fragen können wir zwar stellen, wenn sie jedoch im Mittelpunkt unserer Entscheidung stehen, sind wir am Wesentlichen vorbeigegangen. An dieser Klippe sind manche junge Christen gescheitert. An dieser Stelle kannst Du einen persönlichen Check machen. Nimm Dir ein Blatt Papier und schreib einfach ganz ehrlich auf, welche Eigenschaften und Merkmale Dir bei Deinem zukünftigen Ehepartner gut und wichtig erscheinen. Dann prüfe ganz selbstkritisch, ob es im Wesentlichen äußere Dinge sind. Ich sage nicht, dass das unbedeutend ist. Natürlich muss Dein Partner Dir gefallen. Natürlich solltet Ihr gemeinsame Interessen haben. Aber das Wesentliche sind die charakterlichen Eigenschaften. Das Wesentliche ist, ob geistliches Verständnis da ist, ob jemand durch Gottesfurcht gekennzeichnet ist und sein Leben mit dem Herrn lebt. Was Du brauchst, ist ein Partner, an dem Du auch in den stürmischen Tagen Deines zukünftigen (Ehe-)Lebens einen festen Halt hast.

- *Dritte Klippe*: Es mag sein, dass Dir geistliche Dinge wichtiger als äußere sind. Aber bei Dir gibt es ein anderes Problem. Du weißt, dass Dein Partner von Gott kommt, und betest deswegen intensiv dafür. Aber Du hast Dich im Prinzip schon innerlich festgelegt. Deine Entscheidung steht eigentlich schon fest. Du möchtest von Gott nur noch grünes Licht bekommen. Das ist eine Schwierigkeit, die im Leben eines Christen immer wieder auftreten kann – nicht nur bei der Partnerwahl. Wir beten für etwas und haben uns innerlich bereits festgelegt. Wir warten nur darauf, dass Gott seine Bestätigung für das gibt, was wir bereits entschieden haben. Das ist nicht gut und kann gerade bei der Wahl des Ehepartners fatale Folgen haben.

• *Vierte Klippe*: Du „baust" Dir in Deiner Traumwelt einen Partner, der für jedes Problem eine wunderbare Lösung hat. Du stellt Dir Deinen zukünftigen Mann bzw. Deine Frau in einer ganz bestimmten Art und Weise vor. Dann passiert es. Eines Tages begegnest Du jemand, der scheinbar genau Deiner Idealvorstellung entspricht. Mal ganz ehrlich: Kannst Du Dir vorstellen, dass Du in diesem Moment noch objektiv bist? Kannst Du Dir vorstellen, in diesem Moment zu akzeptieren, dass Gott unter Umständen Nein sagt? Ich kann Dir nur raten, solche Träume zu lassen. Den „Traummann" oder die „Traumfrau" Deiner Illusionen gibt es in der realen Welt nicht. Jeder Mensch hat seine Stärken. Jeder Mensch hat seine Schwächen. Das müssen wir einfach berücksichtigen. Je mehr Du Dich vorher innerlich schon auf einen „Idealtyp" festgelegt hast, desto mehr Probleme wirst Du haben, den richtigen

Partner zu finden. Die Wahrscheinlichkeit, dass Du eine Enttäuschung erlebst, ist jedenfalls groß.

- *Fünfte Klippe*: Du fällst auf jemand herein, der äußerlich ein tadelloses Christenleben führt. Es gibt junge Männer und Frauen, bei denen die Fassade tipptopp in Ordnung ist. Sie gehen in die christlichen Zusammenkünfte. Sie besuchen regelmäßig die Jugendstunden. Sie singen im Gemeindechor. Sie sind dabei, wenn es irgendwelche Aktivitäten gibt. Reicht das aus? Wenn es nur eine äußere Form ist, ganz sicher nicht. Es muss echtes Leben mit dem Herrn dahinterstecken. Achte darauf, Dich nicht durch Traditionen blenden zu lassen. Gegen Tradition ist im Prinzip nichts einzuwenden, solange es nicht eine leere Hülle ohne Inhalt ist. Hoffentlich suchst Du jemand, der seinen Weg mit dem Herrn geht. Das ist nämlich sehr wichtig.

- *Sechste Klippe:* Du forderst ein Zeichen von Gott, um Klarheit zu bekommen. Daniela war verliebt. Manchmal glaubte sie, mit Klaus den Mann ihres Lebens gefunden zu haben. Als er ihr dann eines Tages einen Heiratsantrag machte, kamen ihr plötzlich Zweifel. Eigentlich gab es gegen Klaus nichts einzuwenden. Trotzdem bekam sie einfach keine innere Ruhe. Sie betete. Sie sprach mit ihren Eltern. Aber es gab keine Klarheit. Am Abend spielte sie mit ihrem kleinen Bruder ein

Buchstabenspiel. Da kam ihr eine Idee. Sie sagte sich: „Wenn ich beim nächsten Spielzug ein K (wie Klaus) ziehe, dann soll er der Richtige sein." Sie zog tatsächlich ein K. Doch anstatt nun ruhig zu werden, blieb die Unruhe. Sie hat Klaus nicht geheiratet. Wie sich später herausstellen sollte, war das gut so. Es wäre keine gute Ehe geworden. Daniela ist kein Einzelfall. Es gibt eine Reihe von jungen Leuten, die ihre Entscheidung an einem Zeichen festmachen möchten. Meistens beziehen sie sich als Argument auf die Geschichte Gideons (Ri 6,36–40). Wir müssen dabei bedenken, dass Gideon zur Zeit des Alten Testaments lebte. Er hatte weder den offenbarten Willen Gottes in Form der Bibel vor sich noch besaß er den Heiligen Geist. Das ist bei uns anders. Wir besitzen Gottes Wort und können darin lesen. Der Geist Gottes wohnt in uns. Es gibt im Neuen Testament keine einzige Stelle, die andeutet, dass wir heute noch Zeichen erwarten oder Lose werfen sollten. So etwas geschah nur *vor* dem Kommen des Heiligen Geistes auf diese Erde. Deshalb kann ich Dir nur raten, auf diesem Weg keine Entscheidung zu treffen.

Auf das Fundament kommt es an

Wir können die Ehe mit einem Haus vergleichen, das wir bauen. Wenn das Fundament eines Hauses schon nichts taugt, dann kannst Du das schönste Haus bauen – es wird keinen Bestand haben. Der Herr Jesus macht das in einem Gleichnis deutlich. Da waren zwei Männer. Beide bauten ein Haus. Der eine baute auf Sand. Sein Haus hatte keinen Bestand. Als die Stürme kamen, fiel es um. Der andere baute sein Haus auf den Felsen. Diesem Haus konnten die Stürme nichts anhaben (Lk 6,46–49). Im Eheleben gibt es ganz sicher Stürme. Es bleibt nicht immer alles eitel Sonnenschein. Die Flitterwochen sind schnell vorbei. Dann kommt es auf das Fundament an. Dieses Fundament legen wir übrigens nicht erst, wenn wir uns am Standesamt das Jawort geben. Wir legen es nicht, wenn wir uns verloben oder den ersten Kuss geben. Wir legen es auch nicht, wenn wir anfangen, uns füreinander zu interessieren. Wir tun es viel eher.

Das Fundament für eine glückliche Ehe legen wir sehr früh. Wir beginnen damit, wenn im Herzen der erste Gedanke an den Partner auftaucht. Dann stellen wir bereits die entscheidende Weiche, wohin unser „Ehezug" fährt – ob ins Glück oder ins Unglück.

Damit soll natürlich nicht gesagt sein, dass eine Ehe, die gut begonnen hat, weil das Fundament stimmte, auch immer gut enden muss. Leider gibt es genügend – auch biblische – Beispiele, die uns zeigen, dass man später noch Fehler machen kann. So war es z. B. bei Isaak und Rebekka. Wenn allerdings die Voraussetzungen für die Ehe schlecht sind, musst Du

Dich nicht wundern, wenn es schon sehr bald Probleme und Schwierigkeiten gibt.

4.　Wer wählt aus?

Wer wählt eigentlich den Ehepartner aus? Wir sind jetzt immer noch bei der Seite unserer Verantwortung, nicht bei dem, was Gott tut. Vielleicht findest Du die Frage dumm – aber ist sie das wirklich? Ich denke, es ist der Mühe wert, sich darüber ein paar Gedanken zu machen.

Wer nicht auswählt

Ich möchte erst einmal sagen, wer *nicht* auswählt: Die Zeiten, in denen die Eltern den Ehepartner für ihr Kind festlegten und auswählten, sind zum Glück vorbei – zumindest in den Ländern westlicher Prägung. Trotzdem gibt es immer noch die Gefahr, dass sich die Eltern – oder andere Bezugspersonen – zu sehr in die Frage der Partnerwahl ihrer Kinder einmischen. Wir haben in 1. Mose 2 gefunden, dass ein Mann seinen Vater und seine Mutter verlässt, um seiner Frau anzuhangen. Es ist nicht die Entscheidung der Eltern, wen ihr Kind heiratet. Trotzdem haben die Eltern eine große Verantwortung. Sie begleiten Euch bis zu dem Augenblick, wo Ihr in die Selbstständigkeit geht. Sie werden Euch – wenn die Dinge bei ihnen gut stehen –

mit ihrem guten Rat zur Seite stehen. Und ein junger Mensch wird – wenn bei ihm die Dinge gut stehen – auf den Rat der Eltern hören. Diese Empfehlung lege ich Euch jungen Leuten sehr ans Herz: Pflegt mit Euren Eltern ein gutes und offenes Verhältnis. Sprecht mit ihnen, wenn es um die Frage der Partnerwahl geht. Allerdings ist völlig klar, dass Ihr die letzte Entscheidung trefft – nicht Eure Eltern.

Auch andere Bezugspersonen – z. B. Freunde oder Seelsorger – können Euch einen guten Rat geben. Aber sie werden Euch die Entscheidung nicht abnehmen. Hütet Euch davor, dass Ihr irgendwie „verkuppelt" werdet. Diese Gefahr wird vielleicht größer, je älter jemand geworden ist. Dann geht das „Verkuppeln" hinter dem Rücken los. Es wird getuschelt. Es werden heimliche Pläne geschmiedet, wie man die zwei am besten zusammenbringen kann. So was mag im Einzelfall einmal gut gehen – in der Regel jedoch nicht.

Es ist möglich, dass der Herr uns einen längeren Prozess des Wartens „zumutet". Vielleicht sollen wir gar nicht heiraten. Jedenfalls müssen wir offen sein für den Weg des Herrn. Die Entscheidung für den Ehepartner ist viel zu weitreichend, als dass man andere sich einmischen lässt und damit nachlässig umgeht. Es ist Eure Entscheidung. Nicht die Entscheidung anderer.

Ist damit die Frage, wer auswählt, beantwortet? Ja und nein. Die richtige Antwort lautet: Die beiden, die heiraten werden, wählen aus! Der Mann und die Frau. Trotzdem gibt es einen Unterschied. Es gibt in der Bibel eine Reihe von Beispielen, wo ein Mann eine Frau nimmt. An Amram, den Vater von Mose und Aaron, haben wir uns schon erinnert. Er ging hin und nahm seine Jokebed zur Frau. In fast allen Fällen ist der Mann der Aktive. Ich kenne nur ein einziges Beispiel in der Bibel, wo es auf den ersten Blick etwas anders aussieht. Dazu kommen wir gleich.

Vielleicht fragst Du jetzt: „Also suchen doch nicht beide aus?" Ja schon, jedoch in unterschiedlicher Art und Weise. Der Mann ist bei der Suche in der Regel der Aktive. Die Frau ist die Passive. Mir ist klar, dass das in der Welt heute anders geht. Dass *nur* der Mann der Frau einen Heiratsantrag stellt, klingt in Deinen Ohren vielleicht altmodisch und verstaubt. Heute fragt eine Frau den Mann genauso gut wie umgekehrt. Ich bin für mich überzeugt, dass es nicht nur eine gute Tradition ist, dass der Mann den aktiven Part übernimmt. Es entspricht gesunden, biblischen Prinzipien.

Es ist heute – bedingt durch den lockeren Umgang junger Leute miteinander – oft nicht mehr klar zu erkennen, wer denn eigentlich welche Initiative ergriffen hat. Die Mittel junger Frauen sind teilweise sehr geschickt, sodass gar nicht offensichtlich wird, wie aktiv eine Frau war und mit welchen Mitteln sie vorging. Dennoch solltet Ihr jungen Frauen Euch anhand der Bibel „bilden" lassen und zurückhaltend sein. Damit habt Ihr die Zustimmung Gottes auf Eurer Seite. Ihr jungen Männer solltet zumindest vorsichtig sein, wenn eine Frau Euch gegenüber zu aktiv wird.

Ist damit der Mann im Vorteil? In gewissem Sinn ja. Dennoch kann auch eine Frau suchen. Sie tut es in der Regel passiv. Niemand merkt etwas davon. Es wäre fatal, wenn eine junge Frau sich keine Gedanken macht und denkt: „Ich warte einfach ab, wen der Herr mir schicken wird", und dann beim ersten besten Heiratsantrag gleich zusagt. Ein gläubiges Mädchen wird sich sehr wohl Gedanken machen, welchen Mann Gott für sie bestimmt hat. Sie wird intensiv dafür beten. Als Schwester im Herrn hast Du die Verantwortung, jeden ernst gemeinten Antrag zu prüfen, ob er tatsächlich dem Willen Gottes entspricht. Das kannst Du nicht dem Mann überlassen. Natürlich hat er seine Verantwortung. Allerdings nimmt das nichts von Deiner eigenen Verantwortung weg.

Nun zu dem biblischen Beispiel, wo es etwas anders ablief. Ich denke an Ruth und Boas. Ich erwähne dieses Beispiel bewusst, weil es oft von solchen angeführt wird, die eine aktive Rolle der Frau in den Vordergrund stellen. Es ist in der Tat eine bemerkenswerte

Begebenheit. Aber eben eine Ausnahme – nicht die Regel. In Ruth 3 lesen wir, dass Ruth dem Rat ihrer Schwiegermutter folgte. Sie ging zu Boas auf die Tenne. Dabei hatte sie ganz offensichtlich ein klares Ziel im Auge. Sie wollte, dass Boas sie heiratete. Das Risiko, abgewiesen zu werden, war übrigens nicht ganz gering. Dennoch tat sie das, was ihre Schwiegermutter sagte. War das ein geschicktes Frauenkomplott? Eine gemeinschaftliche listige Aktion von Noomi und Ruth, um Boas zu angeln? Ganz sicher nicht! Die Geschichte ist viel zu rein und zu schön, um solch einen Gedanken auch nur ansatzweise aufkommen zu lassen. Ruth hatte Gott auf ihrer Seite! Wenn man diesen Ausnahmefall richtig beurteilen will, dann muss man Folgendes bedenken: *Erstens* hat die Geschichte eine prophetische Bedeutung und kann nicht eins zu eins in unsere Zeit übertragen werden. *Zweitens* waren beide Frauen – Noomi und Ruth – geistliche Frauen. Das hatten sie bewiesen. Boas sagt später ausdrücklich, dass Ruth nicht hinter den Männern hergelaufen ist. Sie war nicht auf „Männerjagd", um endlich einen zu bekommen. *Drittens* verhält sich Ruth Boas gegenüber sehr schicklich und zurückhaltend. Sie geht wohl aufs Ganze, sie tut es aber in einer sehr feinen Art und Weise. *Viertens* übernimmt Boas – nachdem Ruth ihn angesprochen hat – sofort die Initiative und bereitet alles für die Hochzeit vor. Das hat er nicht Ruth überlassen.

Wir wollen aus dieser Begebenheit nicht lernen, dass Frauen nun den gleichen aktiven Part übernehmen wie Männer. In der Regel ist es anders. Wir wollen nicht lernen, dass ehrgeizige Mütter versuchen sollten, ihrer Tochter auf diese Weise zu einer tollen Verbindung zu verhelfen. Das geht fast immer schief! Was wir wohl lernen wollen, ist Ausgewogenheit. Im Allgemeinen ist der Mann aktiv. Allerdings ist es nicht ganz auszuschließen, dass die Frau in bestimmten Fällen ihre passive Rolle verlässt. Ganz sicher ist das eine Ausnahme.

5.   Der richtige Zeitpunkt

Jetzt kommen wir zu einer weiteren wichtigen Frage: Wann ist eigentlich der geeignete Zeitpunkt gekommen, sich für einen Ehepartner zu interessieren? Diese Frage wird immer wieder gestellt. Niemand erwarte, dass ich jetzt eine konkrete Altersangabe mache. Das werde ich ganz sicher nicht tun. Das tut die Bibel auch nicht. Die Bibel gibt uns wichtige Hinweise, aber sie nennt kein Alter. Was wir lernen, ist, dass ein gewisser Reifeprozess abgeschlossen sein muss, bevor man sich mit dieser Frage aktiv beschäftigt. Gott hat gesagt, dass ein Mann seinen Vater und seine Mutter verlassen wird, um seiner Frau anzuhangen und dann ein Fleisch mit ihr zu werden. Das müssen wir gut verstehen.

Erstens ist es wichtig zu sehen, dass es um einen *Mann* und um eine *Frau* geht. Der geeignete Zeitpunkt, sich für einen Ehepartner zu interessieren, ist frühestens dann gekommen, wenn junge Menschen zu Männern und Frauen geworden sind. Eine gewisse innere Reife muss vorhanden sein. Das bedeutet zumindest, dass die pubertäre Phase abgeschlossen ist. Zeugungsfähig sein bedeutet ganz sicher nicht, automatisch ehefähig zu sein. Um eine Ehe schließen zu können, braucht es eine gewisse Reife. Ihr müsst in der Lage sein, Euer bisheriges Umfeld – in den meisten Fällen das Elternhaus – zu verlassen. Ihr müsst in der Lage sein, Euch emotional von den Eltern zu lösen. Ihr müsst in der Lage sein, finanziell und geistig auf eigenen Füßen stehen zu können.

Die Beziehung von Eltern zu Kindern ist eine überaus schöne Beziehung. Für Eltern ist es etwas Besonderes, wenn sie sehen, wie ihre Kinder heranwachsen und zu eigenständigen, erwachsenen Persönlichkeiten werden. Noch schöner ist es dann, wenn die Eltern zu einem solchen heranwachsenden Kind eine intakte und gute Beziehung haben. Eine Beziehung übrigens, die wechselseitig ist – von Eltern zu Kindern und von Kindern zu Eltern.

Die Beziehung der Kinder zu den Eltern – so schön sie ist – muss irgendwann einer anderen Beziehung wei-

chen, nämlich der Beziehung zwischen Mann und Frau. Wer heiratet, muss sich von seinem Elternhaus lösen. Das setzt einen gewissen Reifeprozess bei jungen Leuten voraus. Gleichzeitig müssen die Eltern ihre Kinder gehen lassen. Es gibt leider viele Beispiele aus der Seelsorge in christlichen Ehen, die belegen, dass hier für viele junge Ehen ein großes Problem besteht. Das Problem hat zwei Seiten. Entweder können die jungen Eheleute sich nicht vom Elternhaus lösen oder die Eltern können – oder wollen – ihre Kinder nicht gehen lassen. Manchmal kommt sogar beides zusammen.

Ihr lieben jungen Leute, wenn ihr heiraten wollt, müsst Ihr Euch darüber im Klaren sein, dass Ihr Euch vom Elternhaus lösen müsst – räumlich und materiell, und besonders emotional. Als Ehepaar seid Ihr eine eigenständige Einheit. Das heißt natürlich nicht, dass das Verhältnis zwischen Eltern und Kindern aufhört. Ganz sicher nicht. Ihr habt Eure Eltern immer noch lieb und ehrt sie. Es heißt auch nicht, dass Ihr nicht bei Euren Eltern einen Rat einholen könnt und dass Eltern keinen Rat mehr geben können. Aber es bedeutet, dass Ihr grundsätzlich eine eigenständige Einheit bildet. Dazu müsst Ihr fähig sein.

Verantwortungsfähigkeit

Zweitens ist es wichtig, dass Ihr geistig und geistlich eigenständige Entscheidungen treffen könnt. Ihr müsst fähig und bereit sein, Verantwortung zu übernehmen. Wenn Kinder geboren werden, müsst Ihr als junge Eltern in der Lage sein, Eure Kinder großzuziehen. Das meine ich jetzt nicht nur *wirtschaftlich*, sondern genauso *geistig* und *geistlich*. Es kann nicht sein, dass Kinder von Kindern – oder Jugendlichen – erzogen werden. Auch Eure eigenen Eltern könnt Ihr dafür nicht einspannen. Die Erziehung Eurer Kinder liegt ausschließlich in Eurer Verantwortung. Auch dazu braucht es eine gewisse Reife.

Fähig zu echter Liebe

Drittens muss die Fähigkeit und Bereitschaft zu echter Liebe vorhanden sein. Dafür brauchen gerade wir Männer häufig mehr Zeit als Frauen. Es ist ein großer Irrtum, zu denken, dass die Sexualgemeinschaft das Wichtigste an einer Ehe ist. Diesem Irrtum sind viele erlegen. Die Bibel sagt gerade uns Männern, dass wir unseren Frauen *anhangen* sollen. Das Wort „anhangen" klingt auf den ersten Blick etwas sonderbar. Man könnte es – wie schon gesagt – alternativ übersetzen mit „ankleben", „zusammenkleben" oder auch „eine Pflanze bilden". Ehepartner bilden eine unauflösliche Einheit. Es ist diese Einheit nach Geist, Seele und Leib. Die Ehe ist von Gott nicht als eine Schraubverbindung gegeben, sondern als eine Klebverbindung. Man kann sie nicht auseinanderreißen. Tut man es trotzdem, gibt es einen dauerhaften Schaden. Eine Ehe ist eine Verbindung, die nicht getrennt werden darf. Denn Gott will keine Ehescheidung; er hasst Entlassung (Mal 2,16).

Der „Klebstoff", durch den die Ehe zu einer untrennbaren Einheit wird, ist die Liebe. Liebe geht viel weiter, als verliebt zu sein. Wirkliche Liebe zeigt sich nicht so sehr in Worten, sondern in Taten. Liebe zeigt sich darin, dass wir bereit sind, uns dem anderen hinzugeben. Liebe bedeutet, für den anderen da zu sein, sein Wohl zu suchen. Liebe bedeutet Hingabe. Liebe bedeutet Verständnis füreinander. Liebe bedeutet, Zeit füreinander zu haben. Liebe bedeutet, dass wir einander Interesse entgegenbringen. Liebe bedeutet, dass wir Gemeinschaft miteinander haben, dass wir miteinander dienen. 1. Korinther 13 zeigt uns eindrücklich, wie Liebe sich äußert Dieses Kapitel sollten wir immer wieder aufmerksam lesen. Liebe ist der „Klebstoff", der eine Ehe zusammenhält. Zu dieser Liebe müssen wir fähig und bereit sein, wenn wir uns mit der Frage des richtigen Ehepartners beschäftigen.

Erst wenn diese Liebe gereift ist, könnt Ihr, wenn Ihr verheiratet seid, die Sexualgemeinschaft in der Ehe wirklich genießen. Deshalb ist die Verlobungszeit eine so wichtige Zeit. Darauf kommen wir später noch zu sprechen. Ihr lieben jungen Leute, denkt bitte daran: Die Ehe ist keine Zweckgemeinschaft. Sie ist auch nicht in erster Linie eine Sexualgemeinschaft. Die geschlechtliche Beziehung kommt ohne Frage dazu. Sie ist eine wunderbare Gabe Gottes, die er uns zur Freude gegeben hat. Aber eine gute Ehe zu führen ist mehr als das.

Gefahren

Die Ehe ist – wie wir in Teil 1 gesehen haben – eine Lebens-, Liebes- und Dienstgemeinschaft nach Geist, Seele und Leib. Ohne eine gewisse innere Reife sind wir zu dieser Gemeinschaft nicht fähig. Wie gesagt verläuft der Reifeprozess bei jedem Menschen anders. Es gibt wenige – meistens sind es junge Frauen –, die schon vor dem 20. Lebensjahr wirklich heiratsfähig sind. Es gibt andere, die sind mit 25 immer noch nicht so weit, dass sie eine Ehe eingehen sollten. Pauschale Aussagen sind unmöglich. Allerdings zeigt die Erfahrung, dass junge Männer für den Reifeprozess in der Regel länger brauchen als junge Frauen.

Zu früh geschlossene Ehen sind besonders gefährdete Ehen. Dafür gibt es in der Seelsorge viele Beispiele. Frauen leiden unter zu früh geschlossenen Ehen übrigens oft mehr als Männer. Erst wenn Ihr in der Lage seid, geistig, geistlich und seelisch eine Einheit zu bilden, ist der Zeitpunkt gekommen, sich mit der Ehe zu beschäftigen. Viele junge Ehen sind heute dadurch bedroht, dass man zu früh geheiratet hat. Es besteht dann oft noch eine zu starke Bindung an das Elternhaus, die sich sehr negativ auswirken kann. Daran solltet Ihr unbedingt denken.

6.   Kriterien

Wir wollen jetzt sehen, welche Kriterien Gottes Wort uns an die Hand gibt, um die richtige Entscheidung zu treffen. Mit anderen Worten: Nach welchen Kriterien kannst Du Deinen Partner auswählen? Das klingt vielleicht etwas „technisch", soll es aber nicht sein. Wir haben am Anfang gesehen, dass es ein Geheimnis ist, wie Gott einen Mann und eine Frau zusammenführt. Das bleibt so. Es ist etwas Wunderbares. Etwas, das wir letztlich nicht ergründen können. Trotzdem gibt uns Gott Leitlinien oder Kriterien – so möchte ich sie einmal nennen – an die Hand. Es ist mir völlig klar, dass eine Partnerwahl nicht ohne Emotionen erfolgen kann. Das Herz gehört dazu. Ohne richtig verliebt zu sein, geht es in den seltensten Fällen. Ich warne trotzdem davor, sich ausschließlich – oder überwiegend – von Emotionen leiten zu lassen. Die Frage ist viel zu wichtig, als dass wir unseren Gefühlen freien Lauf lassen könnten. So schwer es vielleicht fällt – vor allem wenn man gerade frisch verliebt ist –, es ist grob fahrlässig, wenn wir unseren Verstand in dieser wichtigen Entscheidung außer Acht lassen. Vor allem sollten wir nicht vergessen, unseren Herrn nach seinem Willen zu fragen. Das ist viel mehr eine rationale als eine emotionale Frage.

Ich möchte jetzt drei Kriterien zeigen, die wir uns leicht merken können. Das erste Kriterium lautet: *Bekehrt?* Das zweite lautet: *Bewährt?* Das dritte lautet: *Passend?*

Kriterium 1: Bekehrt?

Diese Frage muss am Anfang stehen. Sie braucht eine klare und eindeutige Antwort.

Für einen wiedergeborenen Christen kann es nicht anders sein, als dass man bei der Wahl des Ehepartners die Frage an den Anfang stellt: Ist er – ist sie – bekehrt? Etwas anderes kann nicht in Frage kommen. Ich möchte das sehr klar und eindringlich sagen: Der Gedanke, einen Ungläubigen zu heiraten, ist immer verkehrt. In diesem Punkt kann es unter keinen Umständen eine innere Toleranz oder faule Kompromisse geben.

Rote Lampen

Spätestens dann, wenn Ihr merkt, dass ein Ungläubiger sich für Euch interessiert oder dass Ihr Euch innerlich für einen Ungläubigen zu interessieren beginnt, müssen bei Euch alle roten Lampen angehen. Denkt bitte daran: Der Gedanke an einen ungläubigen Partner darf erst gar nicht im Herzen aufkommen. Noch viel weniger darf er sich dort festsetzen. Wir erinnern uns daran, dass die Ehe eine Einheit nach Geist, Seele und Leib ist. Es ist schlichtweg unmöglich, dass Du als Kind Gottes mit einem ungläubigen Partner eine solche Einheit nach Geist und Seele bildest. Das geht einfach nicht! Was übrig bleibt, reicht hinten und vorne nicht aus, um eine Ehe nach Gottes Gedanken zu führen. Deshalb ist es nicht nur unfair, sondern gefährlich, einem Ungläubigen irgendwelche Hoffnungen auf eine Partnerschaft zu machen.

Lass deshalb bitte das Flirten mit ungläubigen Jungen oder Mädchen. Lass Dich nicht leichtfertig auf ein Dating oder auf ein Rendezvous ein. Die Gefahr ist groß. Satan ist listig. Gibst Du ihm den kleinen Finger, nimmt er gleich die ganze Hand. Sei freundlich und offen zu jedermann. Gib Zeugnis von Deinem Glauben, aber vermeide jeden engeren oder gar intimen Kontakt zum anderen Geschlecht. Die Anfänge sehen oft harmlos aus. Niemand kann Dir vorhersagen, wo es enden wird. Da ist der nette Kollege nebenan. Da ist das hübsche blonde Mädel, das seit einigen Tagen immer mittags in die Kantine kommt und Dich so freundlich anlächelt. Da ist der Neue auf der anderen Flurseite. Warum sollte man es nicht mal versuchen? Lass es sein! Schneller als Du denkst, bist Du nicht mehr Herr Deiner Sinne und Gefühle. Hiob hatte einen Bund mit seinen Augen gemacht, um keine Jungfrau anzusehen (Hiob 31,1). Davon können wir alle – Jungen und Mädchen, Männer und Frauen – lernen.

Wenn Du merkst, dass ein ungläubiger Mann / eine ungläubige Frau sich für Dich interessiert, dann zeige eindeutig Flagge und sag ihm/ihr von der ersten Minute an klipp und klar, dass Du dem Herrn Jesus gehörst. Mach keinen Hehl daraus, dass eine freundschaftliche Bindung oder gar eine spätere Heirat für

Dich niemals in Frage kommen kann. Je klarer Du von Anfang an die Fronten ziehst, umso besser.

Jeanette war ein junges Mädchen aus gläubigem Elternhaus. Sie hatte sich früh für die bewusste Nachfolge hinter dem Herrn Jesus her entschieden. Ihr Vater hatte sie immer wieder darauf hingewiesen, unter keinen Umständen einen ungläubigen Mann zu heiraten. Der Vater starb, als Jeanette im heiratsfähigen Alter war. Kurz nach seinem Tod bekam sie einen Antrag von einem jungen Mann, den sie als Mensch sehr schätzte. Leider war er ungläubig. Jeanette antwortete deshalb mit einem klaren und deutlichen Nein. Und sie erklärte auch, warum. Der junge Mann ließ nicht locker in seinen Bemühungen um Jeanette. Trotzdem blieb sie standhaft. Dem jungen Mann war das rätselhaft. Er wollte das „Geheimnis" ihrer Standhaftigkeit kennenlernen. Er begann, die Bibel zu lesen und die Zusammenkünfte der Gläubigen zu besuchen. Die Wahrheit des Wortes Gottes überzeugte ihn. Er kam zum echten Glauben an den Herrn Jesus. Nun gab es für Jeanette eigentlich kein Hindernis mehr. Sie wartete trotzdem noch eine ganze Zeit ab, ob die Sache wirklich echt war. Dann erst sagte sie mit Freuden: „Ja!" Die beiden haben eine glückliche Ehe unter dem Segen des Herrn geführt.

Gott hat über diese wichtige Frage sowohl im Alten wie im Neuen Testament gesprochen. Er erteilt einer ungleichen Verbindung eine glatte Absage. Das hat nichts damit zu tun, dass Gott nicht jeden Menschen liebt. Es hat nichts damit zu tun, dass nicht jeder Mensch als Geschöpf Gottes einen hohen Wert für ihn hat. Es hat auch nichts damit zu tun, dass es nicht in dieser Welt sehr edle Menschen gibt. In meiner Berufslaufbahn bin ich mit vielen ungläubigen Menschen – Männern und Frauen – in Kontakt gekommen, die ich sehr schätze. Das ist hier nicht die Frage. Hier geht es darum, dass ein Gläubiger und ein Ungläubiger einfach nach Gottes Gedanken nicht zusammenpassen, um eine Ehe zu schließen.

Gehen wir zunächst ins Alte Testament. In 5. Mose 7 lesen wir in Bezug auf die gottlosen Völker Kanaans: „Deine Tochter sollst du nicht seinem Sohn geben, und seine Tochter sollst du nicht für deinen Sohn nehmen; denn sie würden deine Söhne von mir abwendig machen, dass sie anderen Göttern dienten; und der Zorn des HERRN würde gegen euch entbrennen" (5. Mo 7,3.4). Das ist ein eindeutiges Wort aus dem Alten Testament. Es galt zwar für Israel, seine moralische Wirkung ist jedoch bis heute geblieben. Gott sagt uns, warum er diese Anweisung gibt. Er warnt uns vor den Folgen: Der ungläubige Partner zieht den Gläubigen vom Herrn ab. In den Sprüchen warnt Salomo seinen Sohn mehrfach vor der „Ausländerin" oder der „Fremden". Das bedeutet, dass eine eheliche Verbindung mit jemand, der nicht zum Volk Gottes gehört, unmöglich ist.

Das wird im Neuen Testament eindeutig bestätigt. Paulus schreibt den Korinthern klare und unmissverständliche Worte: „Seid nicht in einem ungleichen Joch mit Ungläubigen. Denn welche Genossenschaft hat Gerechtigkeit und Gesetzlosigkeit? Oder welche Gemeinschaft Licht mit Finsternis? Und welche Übereinstimmung Christus mit Belial? Oder welches Teil ein Gläubiger mit einem Ungläubigen? Und welchen Zusammenhang der Tempel Gottes mit Götzenbildern?" (2. Kor 6,14–16). Sieh Dir bitte einmal die Wortpaare an, die hier gebildet werden. Du erkennst sofort, dass hier Dinge gezeigt werden, die nicht zusammenpassen:

- Eine Genossenschaft von *Gerechtigkeit* und *Gesetzlosigkeit.*
- Eine Gemeinschaft von *Licht* und *Finsternis.*
- Eine Übereinstimmung von *Christus* und *Belial* (die Personifizierung des Bösen).
- Ein Teil eines *Gläubigen* mit einem *Ungläubigen.*
- Ein Zusammenhang des *Tempels Gottes* mit *Götzenbildern.*

Ich hoffe, es ist ganz klar geworden, dass es unmöglich ist, dass ein gläubiger Christ einen ungläubigen Menschen heiratet. Es ist ein ungleiches Joch. Ein Joch ist ein Gespann, wo zwei Tiere eine Last ziehen. Die Ehe ist ein enges Gespann. Es ist unmöglich, dass man ein solches Gespann mit einem Ungläubigen bildet. Der eine Partner zieht zum Himmel. Der andere Partner zieht zur Hölle. Kannst Du Dir vorstellen, wie ein solches Gespann funktionieren soll? Kannst Du Dir vorstellen, ein solches Gespann zu bilden? Es ist unmöglich. Ein Joch kann nur dann funktionieren, wenn beide in die gleiche Richtung ziehen. Der Prophet Amos stellt die Frage: „Gehen wohl zwei miteinander, außer wenn sie übereingekommen sind?" (Amos 3,3). In diesem Sinn kannst Du mit einem Ungläubigen nicht übereinkommen.

Gehen wir einmal in die Praxis einer Ehe zwischen einem Ungläubigen und einem Gläubigen. Der Ungläubige steht auf der einen und Du auf der anderen Seite. Während Du ein Kind Gottes bist, ist er ein Feind Gottes. Der Ungläubige hat ganz andere Lebensziele als Du. Anders kann es nicht sein. Mit solch gegensätzlichen Zielen kann man wohl kaum in die gleiche Richtung gehen. Zudem wird Dein ungläubiger Ehepartner von Dir erwarten, dass Du seine Ziele unterstützt. Da sind tägliche Spannungen vorprogrammiert. Ein Austausch über geistliche Themen ist mit ihm nicht möglich. Er versteht nichts davon. Was Dir wichtig sein sollte, ist ihm eine Torheit. Von ihm kannst Du deshalb keine geistliche Unterstützung erwarten. Wie wollt Ihr Euch über Gottes Wort unterhalten? Gebetsgemeinschaft ist ebenfalls unmöglich. Du als Gläubiger liebst Deinen Herrn. Der Ungläubige liebt die Welt. Das bedeutet, dass ständig Kompromisse eingegangen werden müssen. Faule Kompromisse. Stell Dir dann bitte einmal vor, wie Ihr Eure gemeinsamen Kinder erziehen wollt. Der eine will sie für den Himmel erziehen. Der andere für diese Erde. Der gläubige Partner möchte sie zum Herrn führen. Der Ungläubige wird ihn dabei nicht unterstützen – vielleicht sogar behindern. Das sind nur einige Beispiele, die zeigen, dass eine Ehe im ungleichen Joch nur eine Qual sein kann. Das Ergebnis ist in vielen Fällen, dass der Gläubige vom Herrn abgezogen wird und selbst ein völlig weltliches Leben führt.

Bevor Gott sein Schöpfungswerk mit dieser Erde begann, war die Erde wüst und leer. Finsternis war über der Tiefe. Am ersten Schöpfungstag machte Gott das Licht. (Das Dunkel hat er übrigens nicht geschaffen.) Kaum war das Licht da, lesen wir die bedeutsamen Worte: „Und Gott sah das Licht, dass es gut war. Und Gott schied das Licht von der Finsternis" (1. Mo 1,4). Dieser alte Grundsatz gilt bis heute.

Gott will, dass Finsternis und Licht voneinander geschieden sind. Der Gläubige ist „Licht in dem Herrn", während der Ungläubige geistlich gesehen in der Finsternis lebt. Wie soll das zusammenpassen? Es ist unmöglich. Du wirst nur unglücklich werden, wenn Du einen ungläubigen Partner heiratest. Gemischte Ehen zwischen Gläubigen und Ungläubigen sind schnell „ein Schrecken ohne Ende". Jemand hat es einmal sehr krass ausgedrückt und gesagt: „Wer einen Ungläubigen heiratet, bekommt den Teufel zum Schwiegervater."

Noch etwas: Wir haben in Teil 1 gesehen, dass die Ehe ein wunderbares Bild von der Wahrheit von Christus und seiner Versammlung (Gemeinde) ist. Die irdische Verbindung der Ehe ist eine Darstellung der himmlischen Verbindung von Christus und seiner Versammlung. Kannst Du Dir wirklich vorstellen, diese himmlische Verbindung zwischen Christus und seiner Versammlung dadurch darzustellen, dass Du mit einem ungläubigen Partner verheiratet bist? Es ist schlichtweg unmöglich. Wie willst Du als gläubiger Ehemann Deine ungläubige Frau lieben wie Christus die Versammlung? Wie willst Du als gläubige Ehefrau Deinem ungläubigen Mann unterworfen sein wie die Versammlung dem Christus? Kannst Du Dir vorstellen, dass Dein ungläubiger Ehemann Christus darstellt? Oder dass Deine ungläubige Ehefrau sich Dir gern unterordnet wie die Versammlung dem Christus? Merkst Du nicht, wie hier Welten aufeinanderprallen, die völlig konträr sind?

Gott möchte in der Ehe zwei *gläubige* Menschen miteinander verbinden. Nur eine solche Verbindung kann „im Herrn" sein. Eine andere niemals. Allerdings – und das ist ein sehr ernster Gedanke – ist trotzdem jede Ehe von Gott zusammen*gefügt*, auch wenn er die beiden nicht zusammenge*führt* hat! Als Schöpfer *fügt* Gott jede Ehe zusammen. Etwas anderes ist es, ob er zwei Menschen auch zusammen*führt*. Den Unterschied wollen wir gut beachten. Nur eine von Gott zusammengeführte Ehe kann „im Herrn" sein. Wir kommen darauf noch zurück. Deshalb kann eine gescheiterte Ehe zwischen einem Gläubigen und einem Ungläubigen nicht mit der Begründung gelöst werden, diese Ehe sei sowieso nicht von Gott zusammengefügt worden. Das ist kein stichhaltiges Argument. Vor Gott gilt die Ehe – auch wenn sie nicht „im Herrn" geschlossen wurde.

Eine fadenscheinige Ausrede

Nun gibt es ja ein bekanntes und fromm klingendes Argument. Es lautet: „Ich heirate einen Ungläubigen, damit er zum Herrn geführt wird." Das hört sich gut an, hat allerdings ganz sicher nicht den Segen Gottes. Es gibt andere „Mittel", Ungläubige zum Herrn zu führen. Eine Ehe schließen gehört ganz sicher nicht dazu. Die Ehe ist keine Evangelisationsmethode. Das sollte uns hoffentlich klar sein. Ich habe einmal den Satz gelesen: „Es ist leichter, die ganze Welt zu bekehren als seinen eigenen Ehepartner." Weißt Du, wenn der Herr in seiner Gnade den ungläubigen Partner tatsächlich rettet, dann ist es seine Souveränität. Solche Fälle gibt es. Gott sei Dank dafür! Sie sind allerdings selten. Aber wollen wir Gottes Handeln in Gnade als Aufforderung betrachten, uns gegen seine klaren Anweisungen zu stellen? Jemand hat einmal treffend gesagt: „Selbst wenn Gott manchmal auf unseren krummen Linien gerade schreibt, erlaubt uns das nicht, bewusst in krummen Linien zu fahren." Es mag im Einzelfall tatsächlich vorkommen, dass der Partner sich bekehrt. Nur nimmt das nicht das Geringste von Deiner Verantwortung weg. Wenn Du jemand heiratest, der ungläubig ist, hast Du keine einzige Zusage Gottes auf Deiner Seite. Im Gegenteil! Gott warnt uns vor einer solchen Entscheidung. Es gibt viele Beispiele im Alten Testament, die belegen, welche fatalen Folgen ein solcher Schritt haben kann. Zahllose Beispiele aus der Seelsorge zeigen darüber hinaus, dass es in der Regel so ist, dass der Ungläubige den Gläubigen nach unten zieht und nicht umgekehrt.

Zu dem für seine Originalität bekannten Prediger C. H. Spurgeon kam einmal eine junge Frau mit genau diesem Argument. Sie wollte einen jungen Mann heiraten, der nicht bekehrt war und dazu den Segen des Predigers haben. Spurgeon bat das junge Mädchen, kurz auf einen Tisch zu klettern. Sie sollte dann versuchen, ihn nach oben zu ziehen. Das Mädchen gab sich alle Mühe, sie bekam den alten Mann nicht nach oben gezogen. Nun war Spurgeon an der Reihe, das Mädchen von oben wieder nach unten zu holen. Er nahm die Hand des Mädchens und es war eine Sache von Sekunden, bis sie vom Tisch herunter war. Diese Illustration war klar und eindeutig. Lies dazu einmal Haggai 2,11–13!

Kriterium 2: Bewährt?

Das erste Kriterium ist von entscheidender Bedeutung. Dennoch reicht es nicht aus, dass der Partner von sich behauptet, gläubig zu sein. Das Bekenntnis muss sich in der Realität als echt erweisen.

Stefan war ein junger Mann aus gläubigem Elternhaus. In der Ausbildung lernte er Petra kennen. Das Mädchen schien vom ersten Tag an ein Auge auf Stefan geworfen zu haben – und umgekehrt. Die beiden verstanden sich auf Anhieb ziemlich gut und kamen sich schnell näher. Dennoch machte Stefan ihr von Anfang an klar, dass er nur eine Frau heiraten würde, die den Herrn Jesus als ihren persönlichen Heiland kennt. Petra hörte sich das in Ruhe an. Sie diskutierte darüber mit Stefan und besuchte mehr oder weniger regelmäßig die Zusammenkünfte der Christen, mit denen sich Stefan traf. Stefans Eltern blieben skeptisch. Es dauerte nicht lange, da sagte Petra, sie habe den Herrn Jesus in ihr Leben aufgenommen. Sie wollte in Zukunft einen gemeinsamen Weg mit

Stefan gehen. Trotzdem fanden die Eltern kein freudiges Ja zu der Verbindung. Die Sache schien ihnen nicht echt zu sein. Sie warnten ihren Sohn. Er hörte nicht auf seine Eltern. Er war sich seiner Sache sicher. Er wollte Petra heiraten. Der Tag der Hochzeit kam. Und auch der Tag danach. Das war der Tag, an dem Petra ihm ungeschminkt die Wahrheit sagte. Die „fromme Tour" – wie sie es nannte – sei nur geschauspielert gewesen. Sie sei weder bekehrt noch werde sie in Zukunft eine einzige christliche Zusammenkunft besuchen. Stefan war wie vor den Kopf geschlagen. Doch es gab für ihn keinen Weg zurück. Die beiden sind bis heute verheiratet. Sie arrangieren sich, so gut es geht. Aber ihre Ehe ist keine gute Ehe. Besonders die beiden Kinder, die sie bekommen haben, leiden unter der unterschiedlichen Ausrichtung ihrer Eltern.

Zwei Sichtweisen

Bewährung geht allerdings weiter, als davon überzeugt zu sein, dass der Partner wirklich bekehrt ist. Nehmen wir an, Dein Wunschpartner ist tatsächlich gläubig. Selbst dann ist Bewährung erforderlich. Das bedeutet nun andererseits nicht, dass Du nur jemanden heiraten sollst, der vollkommen ist. Dann wäre ich bis heute immer noch ledig – und viele andere auch. Vollkommene Menschen gibt es nicht. Dennoch muss eine gewisse Bewährung vorhanden sein.

Diese Bewährung geht in eine zweifache Richtung:

- Erstens ist eine Bewährung im *irdischen* Leben nötig.
- Zweitens ist eine Bewährung im *geistlichen* Leben erforderlich.

Bewährung im *irdischen* Leben bedeutet, dass Du nur einen Partner heiraten solltest, der bewiesen hat, dass er mit den Anforderungen des täglichen Lebens umgehen kann. Salomo sagte seinem Sohn: „Besorge draußen deine Arbeit und bestelle sie dir auf dem Feld; danach magst du dann dein Haus bauen" (Spr 24,27). Das Haus können wir auf die Ehe anwenden. Um heiraten zu können, ist es wichtig, dass der Mann seine Arbeit tut und sein Feld bestellt hat. Das bedeutet zumindest, dass er über eine abgeschlossene Berufsausbildung verfügt und ein regelmäßiges Einkommen hat. Ich spreche nicht davon, dass junge Männer ihren Arbeitsplatz verlieren können. Das ist etwas ganz anderes.

Junge Männer, die bewusst ihren Eltern auf der Tasche liegen, sind kaum in der Lage, einen eigenen Hausstand zu gründen. Von Beruf „Sohn" zu sein, reicht für eine Ehe nicht aus. Das ist keine Bewährung. – Eine junge Frau sollte in der Lage sein, einen eigenen Haushalt zu besorgen. Das ist eine Mindestvoraussetzung, die erfüllt sein sollte.

Gabi war in einem guten Elternhaus groß geworden. Allerdings war sie ziemlich verwöhnt. Als sie im heiratsfähigen Alter war, bekam sie den Antrag von Lothar. Lothar war ein junger Mann, der als Christ bekannt war und ebenfalls aus einem guten Elternhaus kam. Die Voraussetzungen schienen eigentlich gut. Allerdings hatte der junge Mann bisher nie richtig gearbeitet. Er gehörte zu der Kategorie der „ewigen Studenten". Dennoch erhoben die Eltern auf beiden Seiten keine Einwände. Die beiden heirateten – und die Katastrophe nahm ihren Lauf. Lothar schien sich im Wesentlichen auf seine Eltern und Schwiegereltern zu verlassen. Einer regelmäßigen Berufstätigkeit konnte – oder wollte – er nicht nachgehen. Gabi hatte die Arbeit ebenfalls nicht erfunden. Es dauerte nur wenige Jahre, bis die Ehe in die Brüche ging. Beide gehen seitdem ihren Weg allein. Dass es kein glücklicher Weg ist, braucht wohl kaum erwähnt zu werden.

Mindestens so wichtig wie die Bewährung im irdischen Leben ist die Bewährung im *geistlichen* Leben. Auch darauf solltest Du achten. Denk ruhig einmal über folgende Fragen nach, bevor Du eine Entscheidung triffst:

- Zeigt er oder sie Interesse für das Wort Gottes und für seine Gedanken?
- Ist ihm oder ihr das, was die Bibel sagt, für das tägliche Leben wichtig?
- Bist Du Dir sicher, dass Deine zukünftige Ehefrau

– Dein zukünftiger Ehemann – Dir in geistlichen Fragen eine Hilfe und Stütze sein kann? Kannst Du es selbst überhaupt sein?

- Werden die Zusammenkünfte der Gläubigen regelmäßig besucht?
- Ist Interesse für die Dinge des Herrn zu erkennen?
- Ist Interesse für das Evangelium vorhanden?

Weitere Fragen findest Du selbst heraus. Die Liste ist nicht vollständig. Natürlich sind das nur äußerlich erkennbare Zeichen. Es sind gewisse Indizien, die von Bedeutung sind und die Dir Orientierung geben können.

In 1. Korinther 14,35 lesen wir, dass der Ehemann die Verpflichtung hat, die Fragen der Ehefrau biblisch fundiert zu beantworten. Das ist eine große Verantwortung, der leider viele Ehemänner kaum nachkommen. Jetzt stelle ich zwei Fragen. Die erste Frage an die jungen Frauen: Kannst Du Dir vorstellen, dass der Mann Deiner Wahl in der Lage ist, Deine Fragen zur Bibel zu beantworten? Oder gehört er zu denen, die das Buch der Offenbarung in der Mitte der Bibel suchen? Natürlich wollen wir die Erwartungshaltung nicht zu hoch schrauben, aber ein solides Fundament sollte schon vorhanden sein. Die zweite Frage an die jungen Männer: Kannst Du Dir vorstellen, dass die Frau Deiner Wahl überhaupt Fragen zur Bibel stellt? Oder ist es ihr wichtiger, welche Farben gerade im Trend liegen und wie die neuste Mode aussieht? Nichts gegen ein gewisses Interesse in dieser Richtung, aber die Frage ist, wie die Prioritäten gesetzt werden.

Als ein junger Mensch, der gerne heiraten möchte, solltest Du Dir sicher sein, dass Du einen Partner heiratest, der vertrauten Umgang mit dem Herrn hat. Ihr werdet manche Frage haben, wie bestimmte Dinge zu handhaben sind. Zum Beispiel: Wie sollen die Kinder erzogen werden? Welche (geistlichen) Aufgaben wollt Ihr gemeinsam übernehmen? Wie verhaltet Ihr Euch in Konfliktsituationen? Was tut Ihr bei Schwierigkeiten in der Gemeinde? Was bedeutet eine bestimmte Schriftstelle? Ein Sprichwort hat sich bis heute als wahr erwiesen. Es lautet: „Von nichts kommt nichts." Das gilt auch für Deinen (künftigen) Ehemann und Deine (künftige) Ehefrau.

Ein gemeinsamer Weg mit anderen Glaubensgeschwistern

Noch etwas scheint mir wichtig zu sein. Als Ehepaar lebt ihr nicht isoliert, sondern seid mit anderen Gläubigen verbunden. Ihr werdet christliche Zusammenkünfte besuchen. Bist Du sicher, dass Du mit Deinem zukünftigen Ehepartner einen gemeinsamen Weg gehen kannst, was diesen Punkt betrifft? Damit meine ich also nicht nur den Weg, den Ihr beiden als Ehepaar in der Ehe geht, sondern ich meine den Weg, den Ihr gemeinsam mit anderen Gläubigen geht. Man spricht heute gerne von dem „gemeindlichen Hintergrund". Welchen „gemeindlichen Hintergrund" hat derjenige, den Du heiraten möchtest? Habt Ihr in diesem Punkt eine feste gemeinsame Überzeugung, die sich auf die Belehrungen der Bibel abstützt? Es ist unerlässlich, dass wir mit unserem Partner in wesentlichen Fragen des Glaubens gleiche Gedanken haben. Dazu zählt ganz sicher, dass Ihr im Blick auf den gemeinsamen Weg der Kinder Gottes zu einer Übereinstimmung findet und den Weg geht, den der Herr Euch in seinem Wort zeigt. Wenn Dein Wunschpartner Dich von dem Weg, den Du bis heute aus Überzeugung gegangen bist, abzieht, dann lass lieber die Finger davon. Die Frage ist gar nicht so unwichtig. Stell Dir einen Augenblick lang vor, jeder von Euch würde am Sonntagmorgen eine andere Gemeinde besuchen. Spätestens dann, wenn Kinder da sind, wird das zu erheblichen Spannungen führen. Wahrscheinlich wird es aber nicht einmal so lange dauern.

Unsere Ehen sollen nicht nur für uns selbst da sein. Sie sollen zur Ehre des Herrn und für ihn sein. Deshalb geht es ohne geistliche Bewährung nicht. Prüfe diesen Punkt sorgfältig. Wenn Du keine Sicherheit bekommst, dann warte oder lass es ganz sein.

Kriterium 3: Passend?

Nehmen wir nun einmal an, Dein „Wunschpartner" ist *bekehrt* und er hat sich auch *bewährt*. Reicht das aus? Ich glaube nicht. Es kommt ein ganz wichtiger Punkt hinzu. *Passt* Dein Partner, den Du heiraten möchtest, wirklich zu Dir? Als Gott für Adam eine Frau machte, war Eva genau die Frau, die zu ihm passte. Sie war eine Frau, die ihm „entsprach". Gott hatte Eva genau so gemacht, wie Adam sie brauchte. So möchte Gott Dir einen Partner geben, der zu Dir passt.

Mann und Frau – eine Einheit

Denk daran, dass Du mit Deinem künftigen Ehemann bzw. mit Deiner künftigen Ehefrau eine ganz enge Partnerschaft bildest. Eine engere Beziehung unter Menschen als die Ehe gibt es nicht. Deshalb ist es eigentlich mehr als eine Partnerschaft. Es ist – wie wir gesehen haben – eine untrennbare Einheit. Er hat die Ehe gegeben, damit zwei Menschen miteinander leben und sich gegenseitig lieben können. Mit Deinem Ehepartner wirst Du *ein* Fleisch. Das ist mehr als die Beziehung zwischen Eltern und Kindern. Es ist mehr als die Beziehung unter Freunden – so innig und gut Freundschaften auch sein können.

Ich wiederhole noch einmal: Verheiratet sein bedeutet viel mehr, als jemand zu haben, mit dem man gemeinsam ins Bett geht. Das Sexuelle gehört ohne Frage dazu. Es ist eine Gabe unseres Schöpfers für die Ehe. Aber verheiratet sein ist unendlich viel mehr als das. Es ist eben diese untrennbare Einheit nach *Geist*, nach *Seele* und nach *Leib*. Mit Deinem künftigen Ehepartner teilst Du *alles* im Leben. Du teilst die Interessen. Du teilst die Empfindungen. Du teilst den Tisch. Du teilst die Wohnung. Du teilst Deine Zeit. Du teilst Dein Geld. Du teilst Deinen Dienst für den Herrn. Deshalb ist das dritte Kriterium, über das wir jetzt nachdenken, sehr wichtig. Überlege Dir wirklich gut vor Deinem Herrn, ob Dein künftiger Ehepartner wirklich so zu Dir passt, dass Du alles mit ihm teilen kannst.

Vielleicht denkst Du jetzt im Stillen: „Ach, das ist alles viel zu kompliziert. Hauptsache, wir lieben uns. Der Rest kommt dann von selbst." Bitte Vorsicht. Ich sage nicht, dass die Liebe keine Rolle spielt. Ganz im Gegenteil. Die Liebe ist für die Ehe elementar. Ohne Liebe geht es nicht! Trotzdem ist Liebe nicht alles. Eine alte Schwester hat uns früher einmal gesagt: „Denkt daran, von Luft und Liebe allein kann man nicht leben." Wer das glaubt, wird schneller auf dem Boden der Tatsachen sein, als ihm lieb ist. Und dieser Boden kann ziemlich hart sein. Es stimmt: Ohne Liebe kann eine Ehe nicht funktionieren. Aber Liebe allein reicht nicht aus.

Es folgen jetzt einige Fragen, über die es sich lohnt, *vorher* nachzudenken, um *später* keine böse Überraschung zu erleben. Bedenke dabei, dass diese Fragen unter der Überschrift „*Passend?*" stehen, das heißt, Du solltest die Fragen auch in Bezug auf Dich *selbst* beantworten.

- Kann ich erkennen, dass er/sie die Gemeinschaft mit dem Herrn pflegt? Wird das Verhalten von Gottesfurcht geprägt?
- Besucht er/sie regelmäßig die Zusammenkünfte der Gläubigen? Sieht man sich bei anderen christlichen Veranstaltungen? Wie steht es mit der Teilnahme am Mahl des Herrn (Abendmahl)?
- Ist das Bemühen erkennbar, dem Herrn dienen zu wollen? Unterstützt er/sie gemeinsame Aktivitäten in der Gemeinde?
- Welch einen Freundeskreis hat er/sie bisher gehabt?
- Wie ist das soziale Verhalten? Ist er/sie freundlich, hilfsbereit, zuvorkommend? Und kommunikationsfähig?
- Welche Interessen hat er/sie? Kann ich mich damit identifizieren oder ist meine Interessenwelt völlig anders?
- Wie ist das Verhalten am Arbeitsplatz? Wie spricht er/sie über Kollegen? Wie sieht es mit Fleiß und Ausdauer aus?

- Stimmen die Eltern der Verbindung zu? (Es kann natürlich sein, dass die Eltern ungläubig sind und deshalb Nein sagen. Aus diesem Grund muss dieser Punkt mit Vorsicht bedacht werden.)

- Wie ist der Umgang mit den eigenen Eltern und Geschwistern? Wichtig: Die Wahrscheinlichkeit ist groß, dass ein junger Mann mit seiner zukünftigen Ehefrau einmal ähnlich umgehen wird wie mit seiner Mutter.

- Sind die materiellen Voraussetzungen für die Gründung eines gemeinsamen Hausstandes gegeben? Achtung: Verlass Dich nicht darauf, dass Deine Eltern oder Schwiegereltern Euch finanziell versorgen. Das ist keine gesunde Basis. Auch der Gedanke, dass Du als Frau in der ersten Zeit der Ehe das „Geldverdienen" übernimmst, ist keine gesunde Basis.

- Als Frau wirst Du Dich fragen, ob er „männliche" Eigenschaften hat. Ich meine jetzt nicht körperliche Kraft und Ausstrahlung, sondern z. B. Eigenschaften wie Treue, Zuverlässigkeit oder Selbstbeherrschung. Wird er bereit sein, Dir im Haushalt zu helfen? Wird er bereit sein, sich mit um die Kinder zu kümmern?

- Als Mann wirst Du Dich fragen, ob Deine zukünftige Frau durch einen sanften und stillen Geist gekennzeichnet ist, der vor Gott einen hohen Stellenwert hat (1. Pet 3,4). Du wist Dich aber auch mit ganz praktischen Fragen beschäftigen:

Kann Deine zukünftige Ehefrau einen Haushalt führen? Kann sie kochen? Kann sie Ordnung halten? Kann sie mit Geld umgehen? Kann sie Kinder erziehen? Aber bedenke dabei: Die Idealfrau, die *alles* perfekt kann, wirst Du nicht finden!

Das soll jetzt wieder keine vollständige Checkliste sein, die man Punkt für Punkt abhakt und dann ein Resümee zieht. Ganz bestimmt nicht. Es sind nur einfach ein paar Punkte zum Nachdenken, ob Dein Partner wohl zu Dir passen könnte oder nicht. Weitere Fragen wirst Du selbst finden.

Wir dürfen nicht taub sein für die Frage, ob mein Ehepartner zu mir passt oder nicht. Das ist zum größten Teil eine rationale Frage, die wir nicht nur mit dem Herzen, sondern ebenso mit dem Verstand stellen. Dabei geht es ganz sicher nicht um den Augenaufschlag oder die Oberweite der Frau. Es geht nicht darum, was der Mann verdient und welchen Titel er in der Welt hat. Nein, verheiratet sein ist etwas völlig anderes. Es geht um viel mehr. Es geht darum, ob Mann und Frau nach Geist, Seele und Körper zusammenpassen.

Geist, Seele und Körper

Sehen wir uns diese drei Bereiche etwas genauer an:

a) Geistig und geistlich passend

Der Geist, den Gott uns Menschen gegeben hat, macht uns fähig, uns mitzuteilen. Wir können kommunizieren – sowohl mit Gott als auch untereinander.

Kommunikation in der Ehe bedeutet, dass wir echte Gemeinschaft miteinander haben können. In diesem Sinn bedeutet Kommunikation der Austausch von Fakten, Gedanken, Einschätzungen und Empfindungen. Dieser Austausch ist für jede Ehe wichtig – sowohl geistig wie geistlich.

Erfahrungen in der Eheberatung zeigen, dass viele Ehen gerade an dem Punkt scheitern, dass die Kommunikation nicht richtig klappt. Man redet zu wenig miteinander. Man redet nicht vernünftig miteinander. Man tauscht sich nicht aus. Man öffnet sich dem anderen nicht richtig. Man hat keine wirkliche Gemeinschaft. Die Weichen werden oft schon vorher falsch gestellt. Deshalb ist mir dieser Punkt sehr wichtig.

Man kann sich Kommunikation auf verschiedenen Ebenen vorstellen. Wenn wir hier über das Geistige und Geistliche reden, dann ist die erste Ebene der Kommunikation die *geistige* Ebene. Es ist wichtig, dass sich Ehepartner über aktuelle und tägliche Dinge unterhalten. Dazu zählt neben dem allgemeinen Zeitgeschehen natürlich das Familienleben und das Berufsleben. Kannst Du Dir vorstellen, Dich mit den

Interessengebieten Deines künftigen Ehepartners so zu identifizieren, dass Ihr darüber kommunizieren könnt? Dazu ist es erforderlich, dass Mann und Frau sich zumindest einigermaßen auf Augenhöhe begegnen. Wie soll z. B. eine Ehe funktionieren, wenn die Frau einen Doktortitel hat und der Mann mit Mühe seinen Namen buchstabieren kann? Wenn Mann und Frau aus ganz unterschiedlichen Kulturen – oder Sprachen – kommen, wird die Kommunikation auf geistiger Ebene ebenfalls erschwert. Ich sage nicht, dass es unmöglich ist. Es gibt solche Ehen, die ohne Zweifel vom Herrn waren und sehr gesegnet sind. In vielen Fällen sind solche Ehen allerdings früh gescheitert. Wenn Du Dich also für einen Partner aus einer völlig anderen Kultur interessierst, solltest Du besonders gründlich nachdenken, bevor Du Dich entscheidest.

Die zweite Ebene ist die *geistliche* Ebene. Das bedeutet, dass man sich mit seinem Ehepartner über biblische Themen austauscht. Man liest gemeinsam in der Bibel und spricht darüber. Man betet zusammen. Siehst Du jetzt, dass es nicht ausreicht, wenn Dein Partner „nur" bekehrt ist? Wie willst Du Dich denn z. B. mit Deiner künftigen Frau geistlich austauschen, wenn sie am Sonntag hierhin zum Gottesdienst geht und Du dorthin? Wie willst Du Dich mit Deinem künftigen Mann über geistliche Themen unterhalten, wenn er nichts anderes als seine Karriere oder Fußball im Kopf hat?

b) Seelisch passend

Gott hat uns Menschen eine Seele gegeben. Die Seele beinhaltet die emotionale Komponente – also die Gefühlsebene. Mann und Frau sind in der Ehe so miteinander verbunden, dass sie nicht nur geistig und geistlich miteinander kommunizieren, sondern auch seelisch. Kommunikation ist eben mehr, als nur Fakten auszutauschen. Kommunikation ist auch der Austausch von Gefühlen und Empfindungen. Da öffne ich mich ganz dem anderen. Ich lasse ihn in mein Inneres hineinsehen. Mein künftiger Ehepartner soll spüren, wie ich innerlich „ticke".

Gefühle und Empfindungen sind das Atmen der Seele. Kommunikation auf der seelischen Ebene geht daher sehr weit. Man lässt den anderen in seine Seele sehen und man sieht in die Seele des anderen. Gerade das ist für eine Ehe unerlässlich. Sonst bleibt die Ehe ein „Nebeneinander" und wird nie ein richtiges „Miteinander". Wenn Deine Ehe echten Tiefgang haben soll, dann ist diese Frage wichtig: Kannst Du mit Deinem zukünftigen Lebenspartner auf dieser emotionalen Ebene eine gute Gemeinschaft haben?

Eine Ehe, die einen guten Anfang zu nehmen schien, scheiterte nach etwas mehr als 20 Jahren. Der Ehemann sagte dann in etwa Folgendes: „Meine Frau hat mich von Anfang an – schon als wir verlobt waren – bis heute nie in ihre Gefühlswelt sehen lassen, und ich habe mein Inneres ihr gegenüber nie wirklich geöffnet." Diese Ehe war eigentlich von Anfang an zum Scheitern verurteilt. Deshalb überdenke diesen Aspekt gut!

Dabei ist völlig klar, dass man das vor der Verlobung kaum – oder wenn überhaupt nur sehr eingeschränkt – „testen" oder „erkennen" kann. Es ist aber wichtig, dass man sich vor dem Herrn die Frage stellt, ob man sich mit seinem zukünftigen Partner einen solchen Austausch überhaupt vorstellen kann.

c) Körperlich passend

Vielleicht fragst Du jetzt: „Was soll denn dieser Punkt? Wo soll es denn da Probleme geben? Welcher Mann und welche Frau passen denn körperlich nicht zusammen?" Natürlich geht es mir nicht darum, ob der eine Partner dick oder dünn und ob er groß oder klein ist. Anatomisch gibt es wohl in den seltensten Fällen ein Problem. Aber wie ist es denn z. B. mit der Optik bestellt? Gefällt er mir? Gefällt sie mir? Vielleicht fragt einer jetzt: „Ist das überhaupt eine wichtige Frage?" Darauf gibt es prinzipiell zwei gegensätzliche Antworten. Der eine sagt: „Natürlich, das ist die wichtigste Frage überhaupt." Ein anderer meint: „Das spielt überhaupt keine Rolle. Darauf achtet nur jemand, der nicht geistlich ist."

Nun, ich glaube nicht, dass man den Grad der „Geistlichkeit" eines Bruders oder einer Schwester daran abmessen sollte. Die Frage nach der Optik ist natürlich nicht zentral. Es gibt – wie wir gesehen haben – wichtigere Fragen. Aber ganz unwichtig ist sie andererseits natürlich nicht.

Eric war ein netter junger Mann, der sehr auf sein Äußeres achtete. Er war stets nach der neusten Mode gekleidet und frisiert. Dabei war er durchaus nicht oberflächlich. Allerdings war ihm sein Outfit wichtiger als andere Dinge. Dementsprechend sollte seine zukünftige Frau sein. Wenn er eine junge Frau sah, wurde sie immer gleich danach beurteilt, wie sie aussah. Figur. Haare. Kleidung. Make-up. Das Ergebnis solcher Überlegungen blieb nicht aus. Eric verlobte sich mit einer sehr hübschen und attraktiven jungen Dame – allerdings heiratete er auf diese Weise eine Frau, die nicht einmal wusste, wie man ein vernünftiges Essen kocht und die Betten überzieht.

Ich würde niemand raten, einen Partner zu heiraten, der ihm nicht gefällt. Natürlich muss Dein zukünftiger Ehepartner – ob Mann oder Frau – Dir gefallen. Neulich sagte mir ein 80-jähriger Mann, dass seine Frau – sie ist 82 Jahre alt! – immer noch die schönste Frau sei. Ich habe ihn erstaunt angesehen. Aber er meinte es wirklich ernst. Für ihn gab – und gibt – es keine andere!

Gott hat das Empfinden für Schönheit in uns Menschen hineingelegt. Dabei ist Schönheit durchaus subjektiv. Man kann geteilter Meinung darüber sein, wer oder was schön ist. Einen objektiven Maßstab wird man kaum finden. Was der eine schön findet, sagt dem anderen noch lange nicht zu. Und das ist gut so! Ich bin mir ganz sicher, dass Adam von seiner Frau begeistert war, als er sie zum ersten Mal vor sich sah. Gott hatte Eva bestimmt schön gemacht. Adam konnte sich freuen, so eine Frau zu bekommen. Ihr jungen Männer, wir müssen schon begeistert sein von unserer Frau und umgekehrt. So ganz unwichtig ist das also nicht. Die Bibel spricht an verschiedenen Stellen davon, dass Frauen schön waren – und das waren durchaus Frauen mit innerem Tiefgang. Ein Beispiel ist Rebekka, die Frau Isaaks. Darauf kommen wir noch zu sprechen.

Als Männer sind wir wahrscheinlich eher geneigt, unsere Entscheidung an äußeren Dingen festzumachen. Deshalb müssen wir besonders aufpassen. Natürlich ist es wichtig, dass wir die Frau, die wir heiraten wollen, begehrenswert finden – genauso wie auch die Frau ihren Mann begehrenswert finden muss. Eine Abneigung gegen den Körper des Partners wäre fatal. Nur darf dieses „Begehrenswert-Finden" nicht zu einer fleischlichen Gier verkommen. Wenn wir Männer die Frau unserer Wahl schon beim ersten Treffen mit unseren Augen ausziehen und darüber nachdenken, wie sie wohl im Bett sein könnte, haben wir ganz sicher etwas falsch gemacht. Für unsere Schwestern gilt Gleiches. Diesen Gedanken müssen wir, wenn er kommt, sofort wegtun. Vielleicht können wir es so sagen:

Heirate keinen Menschen, den Du nicht begehrenswert findest, aber mach die äußere Schönheit und Deine eigene Begierde nie zu einem Hauptkriterium für Deine Entscheidung.

Eines sollten wir nicht vergessen: Schönheit ist nicht alles. Das müssen wir ganz nüchtern sehen. Schönheit vergeht. Die Sprüche sagen uns: „Die Anmut ist Trug, und die Schönheit Eitelkeit; eine Frau, die den HERRN fürchtet, *sie* wird gepriesen werden" (Spr 31,30). Die inneren Werte eines Menschen sind wichtiger als die Optik und der Körper. Es muss nicht Mister Universum oder Miss Germany sein. Das ist nicht notwendig. Zwar muss uns der Partner gefallen, doch die inneren Werte sind von größerer Bedeutung.

Was passt zusammen?

Vielleicht stellst Du jetzt die Frage: „Was passt denn nun eigentlich zusammen? Welche Menschen passen zusammen und welche passen nicht zusammen?" Pauschale Antworten kann es auf diese Frage nicht geben. Der Herr muss Dir klarmachen, ob die Frau, an die Du denkst, zu Dir passt oder nicht. Der Herr muss Dir klarmachen, ob der Mann, der sich für Dich interessiert, zu Dir passt oder nicht.

Manche sagen: „Gleich und Gleich gesellt sich gern." Andere schwören auf das Prinzip: „Gegensätze ziehen sich an." Ich glaube, dass weder das eine noch das andere besonders hilfreich ist. Im einen Fall mag das eine, im anderen Fall das andere zutreffen. Es gibt Fälle, wo zwei Menschen heiraten, die ganz verschieden sind. Sie haben sich durch ihre Unterschiedlichkeit angezogen. Sie ergänzen sich durch ihre Unterschiedlichkeit. Es gibt andere Fälle, da sind die Parallelen auffallend. Solche Ehen können durchaus sehr glücklich sein. Oft ist allerdings zu beobachten, dass sich am Anfang einer Beziehung Unterschiede wie zwei Pole einander anziehen. Der Reiz liegt gerade in der Andersartigkeit. In der Ehe machen dann häufig gerade diese Unterschiede – vor allem, wenn sie extrem sind – Schwierigkeiten. Dann lautet die Frage nicht mehr: „Was zieht mich zu dem anderen hin?" Sie lautet dann vielmehr: „Was nervt mich an dem anderen?" Das solltest Du einfach bedenken.

Im Einzelfall musst Du das im Gebet mit Deinem Herrn besprechen. Wenn Du aufrichtig fragst, ohne bereits für Dich entschieden zu haben, wird er Dir sicher eine Antwort geben. Es ist übrigens sinnlos, dass Du irgendwelche Psychotests machst. Auch keine mit angeblich christlichem Hintergrund. So nach dem Motto: „Hilfe! Ich bin Single. Welcher Mann – welche

Frau – passt zu mir?" Das Angebot in einschlägigen Zeitschriften – oder im Internet – ist ja reichhaltig. Das ist besonders für Euch Schwestern eine Gefahr. Ich kann Euch nur raten: Lasst die Finger davon! Das hilft Euch nicht weiter. Da sind Psychologen mit menschlichen Methoden am Werk. Als Christ wird man auf diese Weise seinen Partner nicht finden. Auch Partnervermittlungen, Partnerbörsen oder Kontaktanzeigen sind kein geeigneter Weg, den Partner fürs Leben zu finden.

Oft wird die Frage nach dem Altersunterschied gestellt. Wie viel älter (oder jünger) darf der Partner sein? Ihr ahnt es schon. Es gibt keine Antwort auf diese Frage. Aber einen Rat: Zu groß sollte der Altersunterschied nicht sein. Vor allen Dingen dann nicht, wenn die Frau wesentlich älter ist. Da sind Probleme vorprogrammiert, die anderen Ehen erspart bleiben. Es gibt genügend Beispiele aus der Seelsorge, die das beweisen. Die wenigen Ausnahmefälle sollte man sich nicht unbedingt als Beispiel nehmen.

7. Echte Liebe

Endlich – jetzt wollen wir uns Gedanken darüber machen, welchen Stellenwert die Liebe für die Verbindung zwischen Mann und Frau in der Ehe hat. Eins ist völlig klar:

Ohne Liebe kann keine Ehe funktionieren. Sie ist der „Klebstoff", durch den Mann und Frau miteinander verbunden sind. Die Eheschließung setzt gegenseitige Zuneigung und Liebe voraus. Die ganze Person des Ehepartners wirkt anziehend. Wenn das nicht der Fall ist, sollte man besser nicht heiraten.

Zwei Gefahren

Trotzdem kommt jetzt ein Aber. Besser gesagt gleich zwei:

- *Erstens* stehen wir vielleicht in der Gefahr, den Stellenwert der Liebe zu sehr zu betonen. Ich sage es noch einmal: Die Liebe ist für eine Ehe ganz wichtig. Sie ist unerlässlich. Man kann sich in der Ehe gar nicht genug lieb haben. Dennoch ist die Liebe nicht alles in einer Ehe. Wir haben weiter oben schon gesehen, dass die Liebe wichtig ist, jedoch nicht das alleinige Kriterium sein kann. Jemand hat einmal sehr treffend gesagt: „Liebe ist nicht alles, aber ohne Liebe ist alles nichts." Von Liebe allein kann eine Ehe nicht „existieren". Es braucht mehr als Liebe, damit eine Verbindung von Mann und Frau wirklich harmonisch und glücklich ist. Es ist sicher nicht ohne Grund, dass Gott bei dem Bericht von Adam und Eva nicht über die Liebe spricht – obwohl die beiden sich ganz bestimmt sehr lieb hatten.

- *Zweitens* müssen wir klar sehen, was die Bibel unter Liebe versteht. Liebe im Sinn der Bibel ist nämlich etwas ganz anderes, als die meisten unserer Mitmenschen darunter verstehen. Wenn wir das richtig erkannt haben, dann merken wir, dass die Liebe eine Ehe adelt und krönt.

Da sitzt ein 16-jähriger Teenager mit funkelnden Augen neben einem 15-jährigen Mädchen beim Sonnenuntergang am Strand und flüstert ihr leise die drei berühmten Worte ins Ohr. Weiß er wirklich, was er sagt? Ich bin mir ziemlich sicher, dass er es nicht weiß. Er kann es gar nicht wissen. „Ich liebe dich" ist leicht gesagt. Was wirklich dahintersteckt, ist unendlich viel mehr als körperlicher Kontakt. Aber der junge Mann meint eigentlich gar nicht: „Ich liebe *dich*", sondern er meint: „Ich liebe *mich*, und dafür brauche ich *dich*." Das ist „Liebe verkehrt". Es ist Egoismus.

Was Liebe nicht ist

Es gibt wohl kaum ein Wort, das im allgemeinen Sprachgebrauch so auf den Kopf gestellt worden ist wie gerade das Wort Liebe. Wenn wir lernen wollen, was wirkliche Liebe ist, werden wir weder in der „Bravo" noch in anderen einschlägigen Zeitschriften fündig. Wirkliche Liebe ist nicht das, was in Romanen vorkommt, in Schlagern besungen und in Filmen gezeigt wird. Liebe ist nicht, wenn zwei junge Menschen sich küssen, sich zärtlich streicheln oder zusammen kuscheln. Liebe ist nicht, wenn das Herz Purzelbäume schlägt und der Pulsschlag sich drastisch erhöht. Liebe ist nicht das schöne Gefühl in der Bauchgegend und darunter. Liebe ist nicht, wenn man die berühmten drei Worte spricht. Liebe ist schon gar nicht, wenn man zusammen ins Bett geht. Ich weiß wohl, dass man das in dieser Welt oft Liebe nennt. Aber echte Liebe im Sinn der Bibel ist etwas anderes, ist mehr.

Die Liebe, mit der Mann und Frau verbunden sind, ist von ganz besonderer Art. Die Liebe, die Gott zwischen Mann und Frau geben will, ist etwas so Kostbares, dass man damit nicht leichtfertig umgehen oder gar spielen kann.

Erotische Liebe

Die Bibel spricht an manchen Stellen über die Liebe von Mann und Frau. Sie tut das im positiven wie im negativen Sinn. Ein negatives – und damit warnendes – Beispiel ist Amnon, der Sohn Davids. Er hatte eine Halbschwester. Sie hieß Tamar. Sie sah echt gut aus. Wahrscheinlich hatte sie eine tolle Figur. Sie war für Amnon einfach begehrenswert. Er wollte sie unbedingt haben. Die Geschichte ist in 2. Samuel 13 aufgeschrieben. Die Bibel gebraucht hier tatsächlich das Wort „lieben": „… und Amnon, der Sohn Davids, liebte sie" (V. 1). Er liebte sie sogar so sehr, dass er krank wurde vor Liebe. Liebeskummer ist keine Erfindung der Neuzeit. Es gab ihn schon im Alten Testament. Fragen wir uns: Was war diese Liebe von Amnon wert? Wenn wir die Geschichte lesen, erkennen wir schnell, dass es nicht mehr als eine rein erotische und triebhafte Liebe war. Eben fleischliche Gier. Sonst nichts. Amnon wollte mit seiner Halbschwester Geschlechtsverkehr haben. Weiter ging seine Liebe nicht. Es ging ihm um die Befriedigung seiner sexuellen Lüste – nicht mehr und nicht weniger. Als Tamar ihn abblitzen ließ und sein Geschlechtstrieb nach der erfolgten Vergewaltigung befriedigt war, verwandelte sich seine Liebe in Hass. In Vers 15 lesen wir: „Amnon hasste sie mit sehr großem Hass; denn der Hass, mit dem er sie hasste, war größer als die Liebe, mit der er sie geliebt hatte." Dieses Phänomen ist übrigens bis heute zu beobachten. Wenn Liebe dieser untersten Art nicht beantwortet wird, schlägt sie oft ins Gegenteil um.

Ein weiteres negatives Beispiel ist Simson. Nach mehreren schlechten Erfahrungen mit den Frauen der Philister – der Feinde Gottes – lesen wir von ihm, dass er eine Frau im Tal Sorek liebte. Die Frau hieß Delila. Das Ende dieser Geschichte ist hinreichend bekannt. Seine Liebe zu dieser Frau war nicht mehr als eine rein erotische Liebe. Es ging um nichts als Sex und Geld. Er wollte seine Begierden befriedigen. Sie wollte ihre Finanzen verbessern. Simson bezahlte diese Liebe mit dem Verlust seiner Weihe an Gott, mit dem Verlust seiner Kraft und mit dem Verlust seines Augenlichtes. Es war das traurige Ende eines Mannes, der von Geburt an Gott geweiht sein sollte. Nur durch die Gnade Gottes gelang ihm am Ende seines Lebens noch ein gewaltiger Sieg über seine Feinde.

Wenn Liebe nicht mehr ist als die Erfüllung fleischlicher Lüste und Begierden, dann ist es nichts anders als Egoismus. Das kann niemals ein brauchbares Fundament für die Ehe sein. Nein, für eine Ehe braucht es mehr.

Zuneigung und Wertschätzung

Wenn wir ins Neue Testament gehen, finden wir in Titus 2,4 die indirekte Aufforderung an die jungen Frauen, dass sie ihre Männer lieben sollen. An dieser Stelle gebraucht die Bibel für „lieben" ein Wort, das an anderen Stellen für die Liebe unter Freunden benutzt wird. Es bedeutet so viel wie „lieb haben" oder „wertschätzen". Dieses Liebhaben und Wertschätzen ist für eine Ehe von großer Bedeutung. Du wirst mit Deinem künftigen Ehepartner nur dann glücklich werden, wenn Du ihn lieb hast, wenn Du ihn wertschätzt. Das bedeutet, dass Du an ihm etwas findest, was Dir gefällt und woran Du Freude hast. Das ist ganz bestimmt nicht nur der Körper Deines Partners. Schließlich willst Du als ganze Person geliebt werden. Was würdest Du denken, wenn Dein Partner nur Deinen Körper liebte? Es geht nicht zuerst um die Verpackung, sondern um den Inhalt.

Wir haben vorhin gesehen, dass Dein Partner Dir durchaus äußerlich gefallen muss. Trotzdem hat Liebe am allerwenigsten mit dem Körper zu tun. Nein, es geht darum, dass Du innere Eigenschaften und Tugenden an Deinem Partner entdeckst, die Dir gefallen. Er gibt Dir also Anlass, ihn in diesem Sinn zu lieben. Wenn Du solche Empfindungen der Zuneigung nicht entwickeln kannst, dann lass die Finger lieber davon. Häufig – wenn nicht immer – beginnt das Interesse an dem anderen mit dieser Art der Liebe, d. h. der Zuneigung und Wertschätzung. Sie ist für eine gute Ehe wichtig. Trotzdem gibt es darüber hinaus mehr.

Die tiefste Liebe

Liebe in der Ehe geht sehr tief. Tiefer als Zuneigung und Wertschätzung. Im Epheser- und im Kolosserbrief werden die Männer aufgefordert, ihre Frauen zu lieben (Eph 5,25; Kol 3,19). Hier gebraucht die Bibel ein anderes Wort für „lieben". Es ist das gleiche Wort, das benutzt wird, wenn von der Liebe Gottes zu uns Menschen die Rede ist (Joh 3,16). Es ist eine Liebe, die unendlich tief geht. Eine Liebe, die selbstlos ist. Eine Liebe, die gibt – selbst dann, wenn sie keinen Grund dazu findet. Diese Liebe ist der echte „Klebstoff", der eine Ehe zusammenhält. Zu dieser Liebe sollen wir fähig und bereit sein, wenn wir uns einander das Jawort geben wollen.

100

Es ist schwierig – wenn nicht unmöglich –, diese Liebe zu definieren. Von Gott selbst heißt es, dass Er Liebe ist. Deshalb kann man diese Liebe nicht wirklich erklären. Man kann allerdings sehen, wie sich diese Liebe äußert.

Liebe ist eine Gesinnung, eine innere Einstellung. Liebe bedeutet, die Interessen meines Partners über meine eigenen zu stellen. Liebe zeigt sich im Geben. Sie zeigt sich in Taten, in Hingabe, im Interesse und Verständnis füreinander. Liebe bedeutet, einander zu helfen. Sie zeigt sich darin, dass dem anderen Schutz und Geborgenheit gegeben wird.

Liebe ist keine „Ich-AG". Sie sieht und sucht den Nutzen des anderen. Liebe bedeutet, dass wir opferbereit sind. Liebe bedeutet, verzichten zu können. Glaubst Du, dass es in einer Ehe ohne Verzicht geht? Niemals. Frage deshalb lieber nicht zuerst: „Was bringt die Ehe *mir*?" Ja, sie bringt Dir viel. Aber sie fordert auch. Was denn? Verzicht aus Liebe! Es gibt eben nicht nur gute und schöne Tage. Wenn wir als Egoisten leben wollen, sollten wir besser gar nicht erst heiraten. Viele Ehen scheitern übrigens gerade am Egoismus – und häufig zeigt er sich gerade bei uns Männern.

Liebe bedeutet dienen. Das macht uns das Beispiel des hebräischen Knechtes in 2. Mose 21,5 sehr deutlich. Ein solcher Knecht konnte seinen befristeten Dienst in einen unbefristeten umwandeln. Welches Motiv konnte er dazu haben? Die Liebe: „Wenn aber der Knecht etwa sagt: Ich liebe meinen Herrn, meine Frau und meine Kinder, ich will nicht frei ausgehen." Liebe motiviert zum Dienst – das gilt auch für die Ehe.

Spätestens jetzt wird hoffentlich jedem Leser klar geworden sein, dass man mit der Liebe nicht spielen kann. Und dass man nicht leichtfertig in eine Ehe gehen kann. Um selbstlos zu lieben, braucht man tatsächlich eine gewisse Reife. Ein halb-pubertärer Teenager wird dazu kaum in der Lage sein. Wenn Du Dich mit der Frage des zukünftigen Ehepartners beschäftigst, dann frage Dich, ob Du – mit allen Schwächen, die jeder von uns hat – zu einer solchen Liebe fähig und bereit bist.

Ein Vater gab seinen heranwachsenden Söhnen einen guten Rat. Er sagte ihnen in etwa Folgendes: „Heiratet nie ein Mädchen, das ihr nicht liebt. Aber sagt auch nie zu einem Mädchen: ‚Ich liebe dich!', wenn ihr es nicht heiraten wollt". Damit ist viel gesagt. Die Liebe ist eine schöne und gleichzeitig sehr zarte Pflanze. Sie braucht Zeit, bis sie blüht. Sie braucht tägliche Pflege, damit sie nicht verblüht. Liebe ist kein Selbstläufer, den man nur einmal anschieben muss. Die Liebe ist ein zerbrechliches Ding. Deshalb will sie sorgfältig bewahrt, beschützt und gepflegt werden.

Liebe muss man lernen. Sie gibt und sie fordert. Damit Liebe sich entfalten kann, sind bestimmte Vor-

aussetzungen erforderlich. Liebe braucht Geduld.
Liebe braucht Vertrauen. Liebe braucht Treue. Liebe
braucht Hingabe. Aber Liebe gibt auch. Sie gibt Wär-
me und Freundlichkeit. Sie gibt Geborgenheit und
Verständnis. Sie hilft uns, seelisch zu reifen. Es ist
gut, wenn wir früh lernen, für einen anderen zu ver-
zichten und die Wünsche des anderen höher zu achten
als die Befriedigung eigener egoistischer Wünsche.

8.   Biblische Partnerwahl – ein positives Beispiel

Wir wollen jetzt anhand eines Beispiels aus der Bibel
der Frage nachgehen, wie man nun konkret bei der
Partnerwahl vorgehen kann. Vielleicht hat das bisher für Dich alles etwas theoretisch geklungen. Aber
die Bibel hilft. Sie gibt uns Beispiele, denen wir folgen können. Dabei erinnere ich noch einmal daran,
dass es keine pauschalen Rezepte gibt. Wir wollen –
und können – keine Schablonen anlegen. Wir können
Grundsätze erkennen und davon lernen.

Das Beispiel ist sehr bekannt. Es steht in 1. Mose 24.
Bevor Du jetzt weiterliest, schlage bitte Deine Bibel
auf und lies das ganze Kapitel aufmerksam durch!
Es beginnt mit Abraham, dem Vater Isaaks, der
eine Braut für seinen Sohn sucht. Es endet mit Liebe. „Und Isaak führte sie [Rebekka] in das Zelt seiner Mutter Sara, und er nahm Rebekka, und sie wur-

de seine Frau, und er hatte sie lieb" (1. Mo 24,67). Das war eine Eheschließung im Glück. Davon können wir lernen.

Vielleicht sagt Du jetzt: „Klar, das musste ja kommen. Brautwerbung nach 1. Mose 24. Was soll ich denn mit dieser uralten Geschichte anfangen. So findet man doch heute keinen Ehepartner mehr!" Einverstanden. Natürlich findet man so heute keine Frau – und keinen Mann. Kein Vater wird jemand losschicken, um für seinen Sohn irgendwo eine Frau zu suchen, die der junge Mann nicht einmal kennt. Das ist mir genauso klar wie Dir. Wir können das, was wir in dieser Geschichte finden, nicht in den Einzelheiten eins zu eins auf uns übertragen. Der kulturelle Hintergrund dieser Begebenheit ist total anders, als wir das heute kennen. Aber in diesem Kapitel finden wir wichtige *Grundsätze* und *Hinweise*, die wir geistlich sehr wohl auf uns übertragen und anwenden können. Wenn wir das tun, wird diese alte Geschichte auf einmal lebendig. Sie wird praktisch und hochaktuell.

Ich nenne jetzt acht Punkte, die mir in diesem Kapitel in Bezug auf unser Thema wichtig geworden sind:

Erstens: Vertrauen auf Gott

Das Kapitel zeigt uns Menschen, die grenzenloses Vertrauen zu Gott haben. Der erste, der Vertrauen zu Gott hat, ist Abraham. Er ist überzeugt, dass Gott die richtige Frau für seinen Sohn hat. In diesem Vertrauen lässt er seinen Knecht kommen und sendet ihn dann aus. In Vers 7 sagt er: „Gott … wird seinen Engel vor dir hersenden." Dabei überträgt sich sein persönliches Vertrauen gewissermaßen auf seinen Knecht. Denn der Knecht ist sich – wie Abraham – sicher, dass Gott es richten wird. In dieser Zuversicht geht er los. Er ist gespannt darauf, wie Gott alles führen wird. In Vers 12 sagt er: „HERR, … lass es mir doch heute begegnen …" In Vers 21 möchte er sehen, ob der HERR Glück zu seiner Reise gegeben hat. In Vers 27 sagt er rückblickend: „*Mich* hat der HERR … geleitet." Rebekka und ihre Familie mussten ebenfalls ziemlich viel Vertrauen haben. Wir können uns nicht vorstellen, dass Rebekka sonst mit diesem Mann gegangen wäre, den sie kaum kannte, um einem Mann zu begegnen, den sie nie gesehen hat.

Mit Vertrauen auf Gott fängt die Partnerwahl an. Du kannst Deinem Gott ruhig zutrauen, dass er Dir den richtigen Lebenspartner gibt. Das gilt für uns Männer. Das gilt für die Frauen. Habe Vertrauen zu Deinem Herrn. Er kennt den Partner, der Dir entspricht, der für Dich der richtige ist.

Als Christen sollen wir alle Entscheidungen des Lebens in die Hand unseres Gottes legen – ganz besonders die für den richtigen Lebenspartner. Gottvertrauen ist viel besser, als in eigene, hektische Überlegungen zu verfallen und vielleicht zur Unzeit eigene Aktivitäten zu entwickeln. Jemand hat einmal geschrieben: „Deine Tätigkeit sei so voll Gottvertrauen, als wenn Du nichts und Gott alles tun müsste."

Gottvertrauen ist viel besser, als wenn wir anfangen, mit dem anderen Geschlecht zu flirten, um mal auszuloten, ob es da einen „Draht" gibt oder nicht. Das lass lieber sein. Es bringt Dich nicht weiter. Viele Liebschaften, die so angefangen haben und zur Hochzeit führten, fanden ihr Ende in einer unglücklichen – wenn nicht zerrütteten – Ehe. Der biblische Weg ist, die Sache Gott zu überlassen und ihm zu vertrauen.

Vertraue zuerst Deinem Herrn! In Psalm 37,5 lesen wir: „Befiehl dem HERRN deinen Weg und vertraue auf ihn, und *er* wird handeln!" Ich weiß aus Erfahrung, dass das nicht immer einfach ist. Wir möchten da gerne manchmal etwas nachhelfen. Unser Herr möchte, dass wir ihn durch Vertrauen ehren. Salomo schreibt: „Vertraue auf den HERRN mit deinem ganzen Herzen, und stütze dich nicht auf deinen Verstand" (Spr 3,5). Daraus erkennen wir, dass wir unseren Verstand durchaus nicht auszuschalten brauchen. Im Gegenteil! Wir sollen uns sogar Gedanken machen. Entscheidend ist, dass wir uns nicht auf unseren Verstand *stützen*, sondern dem Herrn vertrauen.

Zweitens: Das Gebet

Der aufmerksame Leser erkennt schnell, dass das Gebet in diesem Kapitel eine wichtige Rolle spielt. Auch wenn es von Abraham nicht direkt gesagt wird, können wir dem Zusammenhang entnehmen, dass er mit seinem Gott über sein Vorhaben geredet haben wird. Von dem Knecht lesen wir ausdrücklich, dass er gebetet hat. In Vers 13 schildert er Gott einfach seine Umstände und verbindet sie dann in Vers 14 mit einer konkreten Bitte. Isaak war ebenfalls ein Mann des Gebets, der den Austausch mit seinem Gott suchte.

Ohne intensives Gebet kann man den richtigen Partner nicht finden. Wir drücken dadurch unsere Abhängigkeit vom Herrn aus. Bevor wir die wichtige Entscheidung für den richtigen Ehepartner treffen, müssen wir darüber im Gebet mit unserem Herrn gewesen sein.

Mit dem Gebet dafür können wir nicht früh genug anfangen. Selbst wenn Du (noch) nicht konkret vor der Frage der Partnerwahl stehst, kannst Du trotzdem schon im Gebet vor dem Herrn sein und ihn bitten, dass er Dich in dieser Frage leitet und vor Fehlern bewahrt. In einem ganz anderen Zusammenhang schreibt Paulus seinen Freunden in Kolossä: „... betet zugleich auch für uns, damit Gott uns eine Tür des Wortes auftue" (Kol 4,3). Wenn wir eine geöffnete Tür haben möchten – gerade in der Frage der Partnerwahl –, müssen wir dafür beten. Gott wird ein solches Gebet nicht unerhört lassen.

Das Gebet um den richtigen Lebenspartner ist zuerst ein persönliches Gebet. Wir können es darüber hinaus mit anderen zusammen tun – z. B. mit unseren Eltern oder mit guten Freunden. Es ist ein Gebetsanliegen, in dem wir Gemeinschaft mit anderen suchen und pflegen können.

Das Gebet muss der Suche nach einem Partner in jedem Fall vorausgehen. Wir haben weiter oben schon gesehen, dass es nicht gut ist, wenn wir uns innerlich bereits mehr oder weniger festgelegt haben und dann Gott im Gebet sozusagen nur noch um grünes Licht bitten.

Jan war ein aufrichtiger Christ, der den Willen seines Herrn erkennen wollte. Doch mit der Frage der Partnerwahl kam er nicht weiter. Er betete dafür, bekam jedoch keine Klarheit. Eines Tages sprach er darüber mit einem Bruder seines Vertrauens. Nachdem sie sich eine Zeit lang unterhalten hatten, ohne den Grund für die ausbleibende Antwort Gottes zu finden, fragte ihn der Bruder: „Sag mal, Jan, kann es sein, dass Du Dich innerlich bereits mehr oder weniger festgelegt hast und jetzt nur noch im Nachhinein um den Segen Gottes betest?" Jan musste zugeben, dass es genau so war. Er hatte ein Mädchen im Auge, von dem er eigentlich hätte wissen müssen, dass es nicht die richtige Frau für ihn war. Jan hat gelernt. Es dauerte nicht sehr lange, da zeigte ihm der Herr eine ganz andere Frau. Jan ist heute glücklich verheiratet.

Drittens: Das Wort Gottes

Es fällt auf, dass die Entscheidung für Rebekka an einem Brunnen fällt. Auch die Quelle wird mehrfach erwähnt. Isaak war an einem Brunnen, als er seine Frau zum ersten Mal sah. Das ist sicher nicht von ungefähr. Brunnen und Quelle sprechen hier – wie an manchen Stellen in der Bibel – vom Wort Gottes. Das Wort Gottes sollte Euch in der Frage der Partnerwahl leiten.

Im Gebet sprechen wir zu Gott, um Wegweisung zu bekommen. In seinem Wort spricht Gott zu uns, um uns seine Gedanken und den richtigen Weg klarzumachen. Die Bibel spricht an vielen Stellen von der Ehe. Sie zeigt uns Grundsätze und Prinzipien, die zu unserem Glück gegeben sind. Es ist gut, wenn wir uns damit beschäftigen, bevor wir in die Ehe gehen.

Sicher gleicht manches *vor* der Ehe noch einem Trockenkurs. Es ist aber als Vorbereitung auf die Ehe – und für die Partnerwahl – wichtig, dass wir wissen, welche Gedanken Gott über die Ehe hat. Wir haben uns weiter oben mit den Kriterien beschäftigt, die Gottes Wort uns vorstellt. Wie wollen wir diesen Kriterien entsprechen, wenn wir sie gar nicht kennen? Es ist also eine ganz wesentliche Voraussetzung, dass wir Gottes Wort erforschen und darauf hören, was er uns sagt. Schlagt das bitte nicht leichtfertig in den Wind. Gott weiß es allemal besser als wir. Denkt nur an den einen Vers, den wir bereits vor uns hatten, dass es keine Gemeinschaft zwischen einem Gotteskind und einem Weltmenschen geben kann.

Es liegt noch ein anderer Gedanke darin, dass sich der Knecht und Rebekka – und später dann Isaak und Rebekka – an einem Brunnen treffen. Es ist wichtig, dass Du selbst Dich durch das Wort Gottes *leiten* lässt. Es sollte allerdings für Dich genauso wesentlich sein, dass Dein künftiger Ehepartner das ebenfalls tut. Wenn Du ein Mädchen im Herzen hast – oder einen jungen Mann –, dann versuche herauszufinden, welchen Stellenwert das Wort Gottes in seinem Leben hat. Ist er – oder sie – bekannt dafür, ihr Leben nach eigenen Vorstellungen einzurichten, oder ist es so, dass er – bzw. sie – in Fragen des täglichen Lebens nach dem Willen Gottes fragt?

Viertens: Geduld

Geduld ist eine Tugend, die vielen von uns schwerfällt. In 1. Mose 24 geht alles in Ruhe vor sich. Da kommt keine unnötige Hektik auf. Ich bin mir sicher, dass der Knecht emotional sehr bewegt war, als er die Führung Gottes erkannte. Trotzdem wird der äußere

Ablauf nicht von Unruhe gekennzeichnet. Im Gegenteil: Der Knecht ist geduldig. Er wartet darauf, wie Gott ihn Schritt für Schritt führt. Erst als die Dinge dann wirklich klar sind, gibt es für ihn – wie für Rebekka – kein Zögern mehr.

Es ist eine schwierige Lektion, zu lernen, dass es bei der Frage der Partnerwahl keine unnötige Eile geben sollte. Manchmal hat man den Eindruck, als ob junge Menschen geradezu auf der Flucht sind. Es kann anscheinend gar nicht schnell genug gehen. Wer mit 18 noch keinen Freund hat, der muss wohl irgendetwas verpasst haben. Ganz sicher aber nicht! Für diese wichtige Entscheidung sollten wir uns die nötige Zeit lassen. Es drängt uns niemand – höchstens wir selbst. Wenn andere uns tatsächlich drängen – etwa unsere Eltern oder Freunde –, tun sie das nicht auf eine Anweisung Gottes hin. In Sprüche 19,2 warnt Salomo seinen Sohn: „Auch Unkenntnis der Seele ist nicht gut; und wer mit den Füßen hastig ist, tritt fehl." Diesen Hinweis sollten wir uns gut zu Herzen nehmen.

In Fragen der Partnerwahl hat Eile schon manchen Schaden angerichtet. Es ist besser, geduldig auf Gott zu warten. Selbst wenn es schwerfällt: Lass Dir Zeit! Gott weiß, wer der richtige Partner für Dich ist.

Es gibt andere Bereiche im Leben, wo wir sehr wohl eilen sollen. In der Frage der Partnerwahl ganz sicher nicht. Es gibt genügend Beispiele von Gläubigen, die in

Torschlusspanik einen Partner geheiratet und es später sehr bereut haben. Wenn der Herr Dir allerdings wirkliche Klarheit gegeben hat, dann kannst Du handeln.

Fünftens: Kein ungleiches Joch

Selbst auf die Gefahr hin, dass ich mich wiederhole: Dieser Punkt – den wir schon vor uns hatten – ist so wichtig, dass wir noch einmal kurz darauf eingehen wollen. Er bestätigt sich in dieser Begebenheit. Abraham legte den größten Wert darauf, dass sein Sohn Isaak kein Mädchen von den Kanaanitern bekäme, bei denen er lebte. Waren die Mädchen Kanaans nicht hübsch? Waren sie nicht fleißig? Ich zweifle nicht daran, dass es solche gab. Trotzdem wollte Abraham keine von ihnen für seinen Sohn. Er legte den größten Wert darauf, dass es eine Frau aus seiner Verwandtschaft war. Was fehlte denn den anderen Mädchen? Sie waren Götzendiener, und Abraham wollte nicht, dass sein Sohn damit in Verbindung käme.

Auf uns übertragen bedeutet das, dass der Partner aus der Glaubensverwandtschaft sein muss. Er muss bekehrt sein. In der Welt gibt es nicht nur hübsche Menschen, sondern durchaus edle Charaktere. Warum können wir sie nicht heiraten? Was fehlt ihnen? Sie kennen den Herrn Jesus nicht. Sie dienen einem anderen Herrn. Deshalb heißt es für uns ganz klar: Hände weg! In diesem Punkt können wir keinen

Kompromiss eingehen. Mit Diskriminierung hat das nichts zu tun.

Sechstens: Die Zustimmung der Eltern

Hier sind wir an einem heiklen Punkt angekommen. Trotzdem ist es gut, darüber nachzudenken. Es fällt auf, dass es für die Ehe von Isaak und Rebekka die Zustimmung der Eltern gab. Isaak vertraute seinem Vater. Rebekka vertraute ihrem Vater. Ich weiß, dass es gerade in dieser Frage manchen jungen Leuten schwerfällt, auf die Eltern zu hören. Wenn Eure Eltern Euch einen Rat geben, dann tut Ihr gut daran, auf den Rat Eurer Eltern zu hören. Natürlich entscheiden Eure Eltern nicht darüber, wen Ihr heiratet. Das ist uns hoffentlich allen klar – auch den Eltern. Wir suchen nicht den Partner für unsere Kinder aus. Dennoch haben die Eltern ein gewisses – zumindest moralisches – Mitspracherecht. Um es richtig auszuüben, braucht es Weisheit. Manchen Eltern fällt es schwer, sich zurückzunehmen. Dennoch – Ihr lieben jungen Leute –, wenn Eure Eltern Euch einen Rat geben, der Euch vielleicht nicht so passt, dann überlegt gut vor Eurem Herrn, ob es nicht trotzdem ratsam ist, darauf zu hören. Viele gescheiterte Ehen waren Ehen, zu denen die Eltern kein freudiges Ja geben konnten.

Das Ganze hat natürlich zwei Seiten. Die eine Seite ist die, die ich gerade vorgestellt habe: Seid Ihr jungen

Leute bereit, auf den Rat Eurer Eltern zu hören? Dann gibt es die andere Seite: Sind wir Eltern bereit, tatsächlich einen guten Rat zu geben? Da kommt ein junger Mann aus gläubigem Elternhaus zu seinem Vater und sagt: „Vater, ich möchte mich gerne verloben. Kann ich mal mit Dir darüber reden?" Was antwortet der Vater? „Das geht mich nichts an, mein Junge. Das ist Deine Sache. Entscheide Du!" Kann es sein, dass wir als Eltern mit unseren Kindern nicht einmal über diese wichtige Frage reden?

Es ist wichtig, mit den Eltern nicht erst dann zu reden, wenn Ihr ins heiratsfähige Alter gekommen seid und konkrete Fragen habt. Dann ist es oft schon zu spät. Ich wünsche Euch Eltern, mit denen Ihr über Jahre ein solches Vertrauensverhältnis aufgebaut habt, dass Ihr mit ihnen wie selbstverständlich über diese wichtige Frage reden könnt. Die Partnerwahl ist häufig ein Prozess, der sich über einen gewissen Zeitraum hinzieht. Diesen Prozess sollten die Eltern unbedingt – allerdings mit dem nötigen Feingefühl und der nötigen Weisheit – begleiten.

Und wenn Ihr solche Eltern nicht habt? Wenn Eure Eltern keinen geistlichen Rat geben können? Dann sucht Euch jemand – einen väterlichen Freund oder eine mütterliche Freundin –, mit dem Ihr Euch austauschen könnt. Es ist in jedem Fall gut, einen geistlichen Rat älterer Glaubensgeschwister einzuholen.

Siebtens: Keinen Druck ausüben

In der Geschichte von 1. Mose 24 geschieht nichts aus Zwang oder unter Druck. Das ganze Kapitel atmet eine gewisse Freiwilligkeit. Der Knecht – obwohl er sich seiner Sache sicher ist – lässt Rebekka und ihren Eltern die Möglichkeit, Ja oder Nein zu sagen. Er übt keinen Druck aus. In Vers 49 sagt er den Eltern: „Und nun, wenn ihr Güte und Treue an meinem Herrn erweisen wollt, so teilt es mir mit; und wenn nicht, so teilt es mir mit, und ich werde mich zur Rechten oder zur Linken wenden." In Vers 58 lesen wir: „Und sie riefen Rebekka und sprachen zu ihr: Willst du mit diesem Mann gehen? Und sie antwortete: Ich will gehen." Sie selbst traf die Entscheidung!

So schwer es im konkreten Einzelfall sein mag: Wir müssen bei der Partnerwahl bereit sein, ein Nein zu bekommen und dies zu akzeptieren. Wir dürfen keinen Druck auf den anderen auszuüben, sondern müssen den anderen frei entscheiden lassen.

Peter war als geistlicher junger Mann bekannt. Über die Frage der Partnerwahl hatte er lange nachgedacht. Als er meinte, innere Sicherheit zu haben, machte er einer jungen Frau einen Heiratsantrag. Die junge Frau – sie hieß Karin – erbat sich Zeit, um darüber nachzudenken und zu beten. Danach sagte sie Nein. Sie hatte keine wirkliche Freudigkeit. Peter konnte bzw. wollte das nicht akzeptieren. Er versuchte ihr klarzumachen, dass er sich ganz sicher sei, dass sie die vom Herrn für ihn bestimmte Frau sei, und dass sie unmöglich Nein sagen könne. Karin wurde unsicher. Sie beriet sich mit ihren Eltern. Die meinten, wenn Peter als geistlicher junger Mann bekannt sei, würde es schon gut sein. Karin willigte schließlich ein – allerdings mit einem ungutem Gefühl. Die beiden sind bis heute verheiratet, aber es ist keine wirklich harmonische und glückliche Ehe.

So sollten wir es nicht machen. Es ist nicht gut, den anderen unter Druck zu setzen. Das gilt besonders uns Männern. Das Argument: „Ich bin mir sicher, dass es der Wille Gottes ist", sollten wir besser nicht gebrauchen. Selbst der große Apostel Paulus, der bestimmt geistlicher war als wir, war in dieser Frage sehr vorsichtig. Er sagte einmal – wenn auch in einem ganz anderen Zusammenhang, denn er war ja nicht verheiratet: „… da wir schlossen, dass Gott uns gerufen habe" (Apg 16,10). Gottesfürchtige Mädchen könnten – wie im Fall von Karin – dadurch verunsichert werden, wenn man so argumentiert, wie Peter es getan hat.

Sei bereit, ein Nein zu akzeptieren. Sei genauso bereit, ein Nein zu sagen, wenn Du keine innere Freudigkeit hast. Die Ehe kann auf dieser Erde nicht aufgelöst werden. Es ist eine endgültige Entscheidung. Diese Entscheidung darf daher nicht unter Druck, sondern nur freiwillig getroffen werden.

Noch schlimmer ist es übrigens, wenn Dritte am Werk sind, die meinen, zwei junge Menschen unter Druck setzen zu müssen. Lasst so etwas in keinem Fall mit Euch geschehen. Der Schaden solcher „Aktionen" kann sehr groß ein.

Manchmal ist es gut, den anderen einfach um Geduld zu bitten. Ein Nein muss auch nicht immer ein endgültiges Nein sein. Manchmal braucht eine junge Frau, die einen Heiratsantrag bekommt, einfach noch etwas Zeit. Johannes war ein junger Mann, der sich ernsthaft mit der Frage der richtigen Lebenspartnerin beschäftigte. Als er vor dem Herrn Klarheit zu haben schien, fragte er eine junge Schwester, ob sie ihn heiraten würde. Er tat es, ohne Druck auszuüben. Er bekam eine ablehnende Antwort. Auch wenn es ihm schwerfiel, akzeptierte er das Nein. Er wartete eine längere Zeit und fragte zum zweiten Mal. Nach einer erbetenen Bedenkzeit kam dann ein freudiges Ja. Die beiden führen heute eine sehr glückliche Ehe und stehen gemeinsam im Dienst für ihren Herrn.

Achtens: Innere Werte

Rebekka war ein schönes Mädchen. Sie war sogar sehr schön. Ihr lieben jungen Mädchen: Wenn Ihr schön seid, dann dankt Eurem Gott dafür. Er hat Euch schön gemacht. Nur bildet Euch darauf nichts ein. Vergesst nicht: Die äußere Schönheit vergeht irgendwann. Was bleibt, sind die inneren Werte und Eigenschaften. Gerade die hatte Rebekka reichlich. Mir scheint, dass der Knecht – der bestimmt nicht blind für ihre äußere Schönheit war – besonders auf die inneren Werte geachtet hat.

Welche Werte waren das, die dem Knecht vielleicht aufgefallen sind?

- Rebekka war *freundlich*. Als der Knecht sie um Wasser bat, gab sie es ihm gerne. Sie war durch ihre Schönheit nicht arrogant geworden, sondern war zu dem fremden Mann einfach freundlich.
- Rebekka hatte *offene Augen* für die Bedürfnisse anderer und konnte zupacken. Sie tat mehr, als man erwarten konnte. Sie gab nicht nur dem Knecht, sondern sogar den Kamelen. Und das war keine Kleinigkeit. Ein Kamel schafft es, innerhalb von zehn Minuten über 100 Liter Wasser auf einmal zu trinken. Es waren also in jedem Fall nicht nur ein paar Eimer voll, die sie schöpfte.
- Rebekka war *fleißig*. Sie handelte nicht langsam oder träge. Wir lesen mehrfach, dass sie „eilte" und „lief".
- Rebekka war *gastfrei*. Wenn es auch das Haus ihrer Eltern war – es war für sie selbstverständlich, dass der Fremde bei ihnen übernachten konnte.

118

- Rebekka war *entscheidungsfähig*. Sie schien nicht die verwöhnte Tochter reicher Eltern zu sein, sondern sie war in der Lage, selbst eine weitreichende Entscheidung zu treffen.
- Rebekka war *selbstständig*. Als es darum ging, ihr Elternhaus zu verlassen, zögerte sie nicht lange, sondern ging mit dem Knecht nach Kanaan.

Das sind nur einige Punkte, die exemplarisch für andere stehen können. Es waren innere Werte, die sie zu einer wertvollen Frau machten. Das bestätigt nur noch einmal, was wir schon gesehen haben: Die Optik ist nicht unwichtig, entscheidend sind jedoch die inneren Werte. Wir müssen ganz nüchtern sehen, dass die Ehe kein romantischer Spaziergang im Sonnenuntergang ist. Die Ehe ist kein gemütliches Candle-Light-Dinner bei Vollmond. Die Ehe ist keine Fahrt im offenen Cabrio bei leichter Sommerbrise. Wenn Gott uns solche Momente schenkt, nehmen wir sie dankbar an. Eine Ehe führen ist jedoch eindeutig mehr. Eine Ehe führen ist nicht immer einfach. Es geht in einer Partnerschaft nicht nur über sonnige Höhen. Es gibt auch dunkle Tage. Ich wünsche jedem von Euch von Herzen einmal schöne Flitterwochen. Der Hochzeitsurlaub ist etwas ganz besonderes. Eins ist dennoch klar: Die Flitterwochen sind schnell vorbei. Dann kommt der Alltag (ich sage bewusst nicht „der graue Alltag"). Es gibt ganz sicher Krisenzeiten. Es gibt Schwierigkeiten im Beruf. Es kommen Krankheiten. Es kommen Probleme mit den Kindern. Dann zählen die inneren Werte.

Mein lieber junger Bruder, stell Dir einmal ganz konkret folgende Frage: Kannst Du Dir vorstellen, dass die Frau, die Du im Auge hast, einmal eine ganze Nacht bei einem kranken Kind am Bett Wache hält? So etwas wird vermutlich irgendwann einmal notwendig sein, wenn Du heiratest – um nur ein Beispiel zu nennen. Kannst Du Dir vorstellen, liebe junge Schwester, dass Dein künftiger Ehemann nachts um vier Uhr für Dich aufsteht, wenn Du krank bist und Euer kleines Kind versorgt werden muss?

Die Ehe ist an manchen Tagen eine echte Herausforderung. Sie fordert uns bis aufs Äußerste. Da brauchen wir keine Frau fürs Schaufenster und keinen Mann fürs Modejournal. Was wir brauchen, sind Frauen und Männer, die zupacken können. Frauen und Männer, die helfen können. Ein Partner für das schöne Wetter reicht nicht aus.

Marc und Alex waren gute Freunde. Sie tauschten manches miteinander aus. Nur als es um die Wahl des Ehepartners ging, waren ihre Kriterien und Wege ziemlich unterschiedlich. Marc achtete sehr darauf, eine hübsche und vor allem sportliche Frau zu bekommen. Seine spätere Ehefrau hat er dann auch irgendwo beim Sport kennengelernt. Sie war blond und hatte eine Traumfigur. Schon auf den ersten Blick war er in sie verliebt. Die beiden haben geheiratet. Die einst hübsche und sportliche junge Dame ist inzwischen älter geworden. Der Lack ist – wie man so schön sagt – weitgehend abgebröckelt und auch mit der Sportlichkeit ist es nicht mehr besonders weit her. Als Alex seine spätere Ehefrau zum ersten Mal sah, war sie ihm nicht einmal sonderlich aufgefallen. Von Liebe auf den ersten Blick keine Rede. Beim zweiten Mal, als sie sich sahen, fiel ihm jedoch auf, wie sie während einer Freizeit in der Küche mit anpackte und mit großer Umsicht schnell das Nötige organisierte. Das war einer der Gründe, die ihn schlussendlich veranlassten, sie zu fragen. Die beiden sind heute ein glückliches Paar. Alex ist ein stark beschäftigter Mann, der an seiner Frau jeden Tag eine echte Hilfe hat.

9. Partnerwahl in der Bibel – ein negatives Beispiel

Es gibt leider auch negative Beispiele. Sowohl im täglichen Leben als auch in der Bibel. Ein solches Beispiel ist Simson. Die Geschichte Simsons ist in mancherlei Hinsicht ein warnendes Beispiel für uns, unter anderem, was die Wahl seiner Ehefrau betrifft. Diesen Teil seiner Geschichte können wir in Richter 14 nachlesen. Simson hat leider so ziemlich alles verkehrt gemacht, was man verkehrt machen kann. Er war ein Nasir – ein Geweihter – seines Gottes. Wenn es allerdings um Frauen ging, war davon nicht viel zu merken. Er handelte so, wie es ihm selbst gefiel. Sein Beispiel ist uns zur Warnung gegeben.

- *Erstens*: Simson hat eine ungläubige Frau genommen. Es war eine Frau von den Philistern. Die Philister lebten wie die Israeliten im Land Kanaan. Aber sie gehörten nicht zu Gottes auserwähltem Volk. Im Gegenteil, sie waren die Feinde des Volkes Gottes. Die Philister sind ein Bild der uns umgebenden Welt. Allerdings nicht so sehr in ihrem verdorbenen moralischen Charakter, sondern eher in ihrem religiösen (kirchlichen) Charakter. Wir könnten sagen: Sie sind ein Bild der Namenschristen, also von Menschen, die sich christlich benehmen, aber dennoch ungläubig sind. Wir lernen: Die Verpackung allein tut es nicht. Ein schönes und buntes Etikett kann über den Inhalt hinwegtäuschen. Die Frau, die Simson haben wollte, war eine, die nicht zum Volk Gottes gehörte. Er durfte sie nicht heiraten. Gott hatte es verboten. Wieder kommt die Warnung an uns heran, niemand zu heiraten, der nicht eine persönliche Lebensbeziehung zu dem Herrn Jesus hat.

- *Zweitens*: Die Frau, die er heiraten wollte, war recht in *seinen* Augen (Ri 14,3). Er wollte sie haben. Er hörte nicht auf seine Eltern. Die Eltern haben ihn gewarnt. Simson hörte jedoch nicht. Er war stur. Er war uneinsichtig. Was er sich in den Kopf gesetzt hatte, setzte er durch. Die Eltern haben ihm allerdings auch nicht nachhaltig gewehrt. Sie haben schlussendlich dem Drängen ihres Sohnes nachgegeben und diese Frau für ihn genommen. Das ist eine Warnung für junge Leute wie für uns Eltern. Kinder sollten auf ihre Eltern hören, wenn diese berechtigte Bedenken haben. Eltern sollten, wenn sie ernsthafte Bedenken haben, nicht nachgeben – selbst wenn ihre Kinder sie bedrängen. Sie sollten sie ernstlich warnen und ihnen die Folgen vorstellen.

- *Drittens*: Simson hat sich von seinen Augen leiten lassen. Er *sah* in Timna eine Frau und sagte: „… sie ist recht in meinen *Augen*" (V. 1–3). Oh ja, die Philister hatten attraktive und schöne Frauen. Simson ließ seine Augen da schweifen, wo er es nicht hätte tun sollen. Hiob hingegen hatte einen Bund mit seinen Augen gemacht. Er wollte nicht auf eine Jungfrau sehen (Hiob 31,1). Gerade für uns Männer ist die Optik oft eine besondere Gefahr. Sie zieht uns an und macht uns schnell blind. Schöne Frauen gibt es in der Welt viele. Frauen, bei denen optisch einfach alles stimmt. Augenaufschlag, Oberweite, Taille. Oft präsentieren sie sich in einer Art und Weise, dass es wirklich nicht einfach ist, wegzusehen. Aber was ist mit den inneren Werten? Hat Simson darauf geachtet? Anscheinend hat er sich tatsächlich nur auf seine Augen verlassen. Wie mancher junge Mann ist genau daran schon gescheitert, dass er seine Augen nicht unter Kontrolle hatte.

- *Viertens*: Wenn Simson einerseits nicht auf seine Eltern hörte, hat er sich andererseits trotzdem nie wirklich von ihnen gelöst. Er schien für eine Ehe noch nicht reif zu sein. Es gab Dinge in der jungen Ehe, die er seiner Frau nicht sagen wollte, ohne sie vorher mit seinen Eltern besprochen zu haben (vgl. V. 16b). Wir können uns gut vorstellen, dass die Frau davon nicht gerade begeistert war. So ein Verhalten belastet eine Ehe. Die Ehe ist eine Einheit. Wenn der Partner merkt, dass die Eltern wichtiger sind als der Partner, schwindet schnell das Vertrauen.

- *Fünftens*. Wir können aus der Begebenheit nicht entnehmen, dass Simson gebetet hätte. Er handelte unabhängig von seinem Gott, obwohl er eigentlich als Nasir eine besondere Beziehung zu ihm hätte haben sollen.

- *Sechstens*: Wir lesen nichts davon, dass er seine Frau wirklich geliebt hätte. Im Gegenteil, man gewinnt den Eindruck, dass es ihm nur um reine Triebbefriedigung ging (vgl. Ri 15,1.2). Simson brauchte eine Frau fürs Bett.

Simsons Ehe hatte noch nicht ganz begonnen, da war sie schon kaputt. Leider ist er durch diese negative Erfahrung nicht einmal klug geworden. Gott gibt uns in seinem Wort solche Beispiele nicht ohne Grund. Sie dienen uns zur Warnung, damit wir es besser machen.

10. Verabredungen

Bevor nun ein junger Mann, der sich vor dem Herrn klar geworden ist, hingeht und einer jungen Frau einen Heiratsantrag macht, gibt es in vielen Fällen eine gewisse vorlaufende Phase, in der man sich gegenseitig näher und besser kennenlernt. Dazu gibt es verschiedene Möglichkeiten:

- In einigen Fällen kennen sich die jungen Leute bereits seit vielen Jahren. Sie sind zusammen aufgewachsen, haben gemeinsam die Schule besucht und gehen vielleicht in die gleiche Gemeinde. Das hat Vorteile, weil man den anderen und sein Umfeld besser einschätzen kann. In solchen Fällen steht dem entscheidenden Schritt – dem Heiratsantrag – eigentlich nichts mehr im Weg.

- Eine zweite Möglichkeit ist, sich in einer Gruppe kennenzulernen. Wenn junge Christen gemeinsam etwas unternehmen, ist das eine gute Gelegenheit, sich – ohne dass der andere es direkt merkt – ein Bild zu machen. Auch bei familiären Besuchen bietet sich dies leicht an.

Verständlicherweise kommt natürlich häufig der Wunsch auf, sich im persönlichen Gespräch näher kennenzulernen. Man trifft sich zu zweit. Man tauscht sich aus. Man lernt sich näher kennen. Solche freundschaftlichen Verabredungen sind bei jungen Leuten durchaus beliebt. Wie sind sie im Licht der Bibel zu bewerten? Dieser Frage wollen wir kurz nachgehen.

Unterschiedliche Meinungen

Es ist kein Geheimnis, dass der Stellenwert solcher Verabredungen und Zusammentreffen von bibeltreuen Christen unterschiedlich gesehen wird. Es gibt geschätzte Seelsorger, die davor warnen oder sie sogar grundsätzlich ablehnen. Sie tun das mit guten Begründungen. Schließlich sind solche Gelegenheiten oft missbraucht worden. In der Bibel finden wir solche Treffen nicht. Allerdings gibt es auch kein direktes Verbot dazu. Wir werden in Teil 4 dieses Buches noch sehen, dass lockere und unverbindliche Freundschaften zwischen Jungen und Mädchen tatsächlich nicht mit dem Tenor der Bibel in Einklang zu bringen sind. Sie sind eine große Gefahr. Einfach „zusammen gehen" sollte für Christen nicht infrage kommen. Gelegentliche oder regelmäßige Verabredungen zu zweit tragen natürlich dazu bei, unverbindliche Freundschaften einzugehen. Wie aber ist es, wenn man den ernsthaften Gedanken hat, sich zu verloben? Wie ist es, wenn man sich trifft, weil man sich ziemlich sicher ist, dass Gott beide Partner in der Ehe verbinden möchte? Muss man sich sofort verloben, oder kann man sich erst einmal treffen, um sich besser kennenzulernen und mehr Sicherheit zu bekommen?

Es ist völlig klar, dass zwei junge Menschen, die Interesse füreinander haben und sich nicht (gut) kennen, zunächst einmal miteinander reden möchten. Der Wunsch ist verständlich und richtig. Dagegen ist nichts einzuwenden. Im Gegenteil. Dennoch mahne ich persönlich zur Vorsicht. Ich möchte solche Treffen nicht ausschließen, doch dass sie eine besondere Gefahr bieten, ist keine Frage. Du triffst Dich ja nicht mit jemand, den Du nicht magst. Gewisse Empfindungen füreinander sind also da. Die Wahrscheinlichkeit, dass Du in einer solchen Situation nicht mehr so ganz klar denkst, ist groß. Möglicherweise verhältst Du Dich anders, als Du es normalerweise tun würdest. Dennoch scheinen solche Verabredungen in einigen Fällen sinnvoll zu sein. Sie können – je nach den Gegebenheiten – tatsächlich eine gute Möglichkeit darstellen und helfen, sich besser kennenzulernen.

Voraussetzungen

Nehmen wir an, ein junger Bruder möchte sich mit einer jungen Schwester treffen, um allein mit ihr zu reden. Wie verhältst Du Dich in einer solchen Situation? Ich möchte zunächst zwei Voraussetzungen nennen, die mir für beide Beteiligten wichtig erscheinen:

- *Erstens*: Gib nur dann eine Zusage, wenn Du darüber gebetet hast. Ohne Gebet geh besser nicht. Du musst Dir selbst vor dem Herrn klar werden, ob es gut und richtig ist, sich zu treffen oder nicht.

Die Verantwortung, ob Du vor Deinem Herrn richtig handelst, liegt bei Dir selbst.

* *Zweitens*: Tausche Dich mit Deinen Eltern darüber aus und höre auf ihren Rat. Ich empfehle Dir in dieser Frage keine Alleingänge. Der Segen geistlicher Eltern ist ganz wichtig. Also im Normalfall kein Rendezvous hinter dem Rücken Deiner Eltern. Erkläre ihnen, worum es Dir geht und was Dich innerlich bewegt. Wenn sie dennoch Bedenken haben, ist es besser, Du folgst ihrem Rat.

Hinweise

In seinem Buch „Dating, Marriage, Sex und Divorce" nennt Roger P. Daniel, ein amerikanischer Seelsorger, eine ganze Reihe von „Richtlinien" oder „Regeln" für solche Verabredungen, die im Gebet zu erwägen sind. Ich möchte in Anlehnung an diese „Regeln" folgende Punkte nennen:

Erstens: Jede Verabredung sollte unter dem Bibelwort aus Philipper 4,8 stehen: „Im Übrigen, Brüder, alles, was wahr, alles, was würdig, alles, was gerecht, alles, was rein, alles, was lieblich ist, alles, was wohllautet, wenn es irgendeine Tugend und wenn es irgendein Lob gibt, dies erwägt." Wenn eine Verabredung im Zeichen dieses Verses steht, wirst Du hinterher mit einem guten Gewissen nach Hause gehen können.

Zweitens: Triff Dich nur mit jemand, an dem Du ernsthaft interessiert bist. Es geht nicht um einen schönen oder netten Abend oder gar um einen Flirt, sondern darum, den anderen kennenzulernen. Mädchen sollten einem jungen Mann nur dann eine Zusage geben, wenn sie in etwa wissen, wer sie einlädt. Wenn der junge Mann keinen guten Ruf hat oder Dir ganz unbekannt ist, dann lass es besser sein. Das Risiko ist zu groß.

Drittens: Wählt den Ort Eures Zusammentreffens mit Bedacht aus. Es gibt Orte, wo die Gefahr, in Sünde zu fallen, besonders groß ist. Dazu zählen z. B. romantische Treffpunkte oder der Rücksitz eines Autos. Vermeidet es besser auch, alleine in einem Haus oder einer Wohnung zu sein. Am besten wählt Ihr einen Ort, wo Ihr in Ruhe reden könnt, aber von anderen nicht völlig abgeschottet seid.

Viertens: Jede Verabredung sollte ein seelisch-geistiges Erlebnis sein und keine körperliche – oder gar sexuelle – Begegnung. Wenn Du Dich verabredest, dann tu es in dem Gedanken, den anderen kennenzulernen. Es geht nicht darum, dass Du Deine Lust befriedigst. Diese Gefahr scheint bei uns Männern in der Regel größer zu sein als bei den Mädchen. Es geht bei einem solchen Treffen nicht darum, Zärtlichkeiten auszutauschen. Wer das tut, bringt sich in große Gefahr. Die Folgen könnten fatal sein.

Fünftens: Kleide und verhalte Dich so, dass Du den anderen nicht unnötig sexuell erregst. Das gilt besonders für die Mädchen. Ich werde in Teil 4 noch zeigen, welche Auswirkungen „falsche" Kleidung auf junge Männer haben kann. Dein Outfit könnte dazu beitragen, den Jungen dazu zu bringen, Dich körperlich zu begehren und dadurch im Herzen Ehebruch bzw. Hurerei zu begehen (Mt 5,27.28). Kleide Dich ordentlich und anständig. Achte auf Dein Verhalten, Deine Gesten, Deine Worte. „Alles aber geschehe anständig und in Ordnung" (1. Kor 14,40).

Sechstens: Spiele nicht mit den Gefühlen der Person, mit der Du Dich triffst. Es gibt junge Menschen, die eine besondere Fähigkeit haben, es bei einer Verabredung so weit kommen zu lassen, dass der andere echtes Interesse empfindet. Danach lassen sie ihn dann wie eine heiße Kartoffel fallen. Solche Art von „Spielchen" haben schon oft tiefe und schwer heilende Wunden hinterlassen. Ein Mensch ist weder eine heiße Kartoffel noch ein Spielzeug, sondern ein Geschöpf Gottes, mit dem man so nicht umgehen kann.

Vergesst nicht, was das Ziel einer solchen Verabredung ist. Es geht darum, den anderen besser kennenzulernen, damit man eine fundierte Entscheidung mit dem Herrn treffen kann, ob er oder sie der vom Herrn gewollte Partner für die Ehe ist.

11.   Ein Heiratsantrag

Nachdem die Phase des Prüfens und Abwägens vor dem Herrn abgeschlossen ist, wird es nun spannend. Der Heiratsantrag wird gemacht! Aber ist ein solcher Antrag überhaupt noch zeitgemäß, wenn man sich doch einig ist? Ich denke schon. Wir haben gesehen, dass die Initiative im Regelfall vom Mann ausgeht. Er ist der Aktive. Er fragt ein Mädchen, ob es seine Frau werden will. Wie und auf welche Weise er das tut, kann man nicht pauschal beantworten. Das kann im Einzelfall sehr individuell sein. Deshalb werde ich dazu nichts sagen. Es ist mir nur wichtig, auf zwei Dinge hinzuweisen:

* *Erstens*: Als junger Mann solltest Du – nachdem Du vor dem Herrn Klarheit bekommen und Dich mit Deinen eigenen Eltern abgestimmt hast – im Regelfall mit den Eltern des Mädchens reden. Wir haben gesehen, dass die Eltern ein gewisses Mitspracherecht haben. Sie haben das Mädchen während vieler Jahre erzogen. Sie sind sein Begleiter gewesen. Selbst wenn es in der Welt heute unüblich ist, scheint es mir mehr als ein Akt der Höflichkeit zu sein, mit den Eltern zu reden. Ich lasse offen, ob das geschieht, bevor Du mit dem Mädchen gesprochen hast oder nachher. Darüber gibt es unterschiedliche Ansichten. Im Einzelfall mag das tatsächlich unterschiedlich gelaufen und dennoch gut gewesen sein.

- *Zweitens*: Als junger Mann solltest Du Deiner künftigen Frau einen „offiziellen" Heiratsantrag machen. Das hört sich vielleicht etwas altbacken an, scheint mir aber trotzdem wichtig zu sein. In der Welt geht das heute ja vielfach anders. Man ist freundschaftlich miteinander verbunden. Man fährt zusammen in Urlaub. Man zieht zusammen und wenn dann Kinder kommen heiratet man vielleicht irgendwann. Da passt ein offizieller Heiratsantrag tatsächlich kaum in die Landschaft – oder hat zumindest nur einen geringen Wert. So sollte es unter Gläubigen nicht gehen. Wenn ein junger Mann eine Frau heiraten möchte, dann ist es nicht mehr als recht, dass er sie ordentlich danach fragt. Ich denke an das Beispiel einer Frau, die seit über 20 Jahren an sich glücklich verheiratet ist, aber bis heute darunter leidet, dass ihr Ehemann ihr nie wirklich einen „offiziellen" Heiratsantrag gemacht hat.

Mit dem Heiratsantrag beginnt eine ganz neue Phase im Leben zweier Menschen. Es ist eine relativ kurze, wenngleich sehr wichtige Zeit: die Verlobungszeit.

Teil 3: Die Verlobungszeit – eine Vorbereitungszeit

Wenn die Partnerwahl abgeschlossen ist, beginnt die Verlobungszeit. Es ist eine schöne Zeit. Eine spannende Zeit. Zwei junge Menschen haben sich einander für die Ehe versprochen. Trotzdem sind sie noch nicht verheiratet. Das dauert noch etwas.

Verlobung? In einer ungläubigen Welt zuckt man vielfach mit den Schultern, wenn man hört, dass sich zwei Menschen verlobt haben. Verlobung ist in dieser Welt weitgehend out. Wieso verlobt man sich eigentlich? Diese Frage kann man offen oder hinter vorgehaltener Hand durchaus hören. Dennoch ist die Verlobung biblisch begründbar. Die Verlobung wird im Alten wie im Neuen Testament erwähnt. Im Gesetz Moses war die Verlobung fest verankert und es gab konkrete Vorschriften darüber. Später benutzte Gott das Bild der Verlobung, um sein Verhältnis zu seinem irdischen Volk Israel zu beschreiben (Hos 2,21.22).

Im Neuen Testament finden wir ein verlobtes Paar – nämlich Joseph und Maria. Dann gebraucht Paulus das Bild der Verlobung ebenfalls, um unser Verhältnis zu dem Herrn Jesus zu beschreiben. Er sagt: „Denn ich eifere um euch mit Gottes Eifer; denn ich habe euch *einem* Mann verlobt, um euch als eine keusche Jungfrau dem Christus darzustellen" (2. Kor 11,2). Gerade dieser Vergleich zeigt, welch einen hohen Stellenwert die Verlobung in den Augen Gottes hat.

1.   Der Charakter der Verlobungszeit

Die Verlobungszeit ist eine Vorbereitungszeit. Eine Vorbereitungszeit auf die Ehe. Die Verlobung ist ein Versprechen, dass man heiraten will. Dieses Versprechen hat einen durchaus *verbindlichen*, aber keinen *zwingenden* Charakter. Es gibt eine Reihe von Stellen im Alten Testament, die den Stand der Verlobten mit dem des Verheirateten mehr oder weniger gleichsetzen. In Hosea 2,22 verbindet Gott die Verlobung mit der Treue. Er sagt: „... und ich will dich mir verloben in Treue."

Es wäre unfair, mit der Verlobung leichtfertig umzugehen. Jeder, der sich verlobt, sollte sich ganz klarmachen, dass er damit eine heilige Verbindung eingeht. Wir können uns niemals verloben und dabei schon in unseren Gedanken den Notausgang im Auge haben. Das wäre zweifellos Unrecht. Unrecht gegenüber der Person, mit der wir uns verloben. Unrecht gegenüber Gott, vor dem wir das Versprechen abgeben. Das ist die eine Seite. Dennoch ist die Verlobung noch keine Ehe. Das ist die andere Seite.

Verlobt zu sein ist durchaus etwas Ernsthaftes. Trotzdem gilt: Es ist und bleibt eine Vorbereitungszeit.

134

Nicht mehr und nicht weniger. In der Verlobungszeit bereitet man sich auf die Ehe vor. Man lernt seinen Partner besser kennen. Man kann die Verlobungszeit deshalb eine gemeinsame Reifezeit nennen.

Wenn man in der Verlobungszeit wider Erwarten feststellt, dass der Partner nicht passend sein wird – nach Geist oder nach Seele – *kann* man eine Verlobung lösen. Es ist sicherlich etwas Beschämendes und Unangenehmes. Etwas, das mit vielen inneren Übungen und Kämpfen verbunden sein wird – und sein muss. Es ist dennoch in besonderen Fällen möglich. Die Ehe beginnt mit dem verbindlichen Jawort vor dem Standesamt. Dann gibt es kein Zurück mehr. Die Ehe soll nicht geschieden werden. Eine Verlobung hingegen *kann* – wenn es wirklich nicht anders geht – gelöst werden. Diese Option ist möglich – und manchmal leider erforderlich. Ich möchte einerseits ganz sicher niemand ermuntern, eine Verlobung leichtfertig einzugehen oder zu lösen. Ich möchte andererseits davor warnen, das Verhältnis von Verlobten dem Verhältnis von Ehepartnern quasi gleichzusetzen. So etwas ist passiert – und die Folgen waren fatal.

Da ist ein verlobtes Paar. Die Eltern erkennen, dass es wohl kaum gut gehen wird. Die jungen Leute haben den gleichen Eindruck. Trotzdem setzen sich die Beteiligten selbst unter Druck und gehen die Ehe ein. Argumente gibt es genug: Was werden die Menschen sagen? Wie wird man vor den Glaubensgeschwistern dastehen? Davor möchte ich ausdrücklich warnen. Es gibt immer wieder Fälle, wo eine Verlobung nicht gelöst wurde und die Ehe keinen guten Verlauf nahm. Noch einmal: Ich befürworte in keiner Weise irgendeine Leichtfertigkeit. Das liegt mir völlig fern. Trotzdem warne ich davor, die Verlobung quasi mit der Ehe auf eine Stufe zu stellen.

Solltest Du gerade in einer solchen Situation sein – was ich niemand wünschen möchte –, kannst Du Dir folgende Fragen stellen, die Dir vielleicht helfen:

- Was ist die wirkliche *Ursache* für die eingetretene Situation, die es notwendig erscheinen lässt, die Verlobung aufzuheben? Gibt es nicht andere Möglichkeiten, das Problem zu lösen?
- Habt Ihr Eure Gedanken über das Problem intensiv *ausgetauscht*? Habt Ihr andere – Eure Eltern, vertrauenswürdige Glaubensgeschwister oder Freunde – um Hilfe gebeten?
- Lag der Fehler – oder gar eine Sünde – vielleicht schon bei der *Auswahl* des künftigen Ehepartners vor? Liegt eine gemeinsame Sünde während der Verlobungszeit vor? Macht das eine Entlobung wirklich notwendig?
- Sind die Fehler nicht „heilbar"? Könnt Ihr nicht durch ein offenes, gegenseitiges *Bekenntnis* mit Gottes Hilfe einen *Neuanfang* Eurer Beziehung beginnen?

- Ist einer von Euch an dem Partner schuldig geworden und hat es noch nicht bekannt?

Jeder Fall ist anders. Vielleicht hilft die ein oder andere dieser Fragen, das Problem zu lösen, ohne die Verbindung aufgeben zu müssen.

2.　　　Vorbereitungszeit und Lernzeit

Die Verlobungszeit ist eine Vorbereitungszeit, die Gott uns Menschen gibt. Eigentlich ist das eine Gnade von Gott. Er hätte es ja auch anders einrichten können. Ihr fangt an und bereitet Euch langsam darauf vor, Euer Elternhaus zu verlassen, um auf eigenen Füßen zu stehen. Die Verlobungszeit ist gleichzeitig eine Lernzeit. Ihr lernt Euch besser kennen. Ihr lernt Euch richtig lieben. Der Prozess des „Anhangens" an seinen Partner beginnt.

Sich kennenlernen

In der Verlobungszeit lernt Ihr Euch geistig, geistlich und seelisch kennen, um dann später in der Ehe mit Freude auch Geschlechtsverkehr haben zu können. Wir haben weiter oben gesehen, dass es ein biblisches Prinzip ist, dass ein Mensch seinen Vater und seine Mutter verlassen wird, um seiner Frau anzuhangen. Wirklich vollzogen wird das in der Ehe.

In der Verlobungszeit beginnt dieser Prozess des Abnabelns vom Elternhaus und des Anhangens an den Partner. Genau *so* sollten wir die Verlobungszeit sehen. „Ein Fleisch" werdet Ihr erst, wenn Ihr verheiratet seid. Um Euch darauf genügend vorzubereiten, gibt Gott Euch die Zeit der Verlobung.

Weil das so ist, Ihr lieben jungen Freunde, wäre es fatal, wenn sich die Verlobungszeit vornehmlich oder gar ausschließlich auf äußerliche und körperliche Kontakte konzentrieren oder gar beschränken würde. Das Interesse sollte sich in dieser Zeit nicht so sehr auf den Körper des anderen konzentrieren, sondern vielmehr auf das Innere, den Geist und die Seele.

Nutzt die Verlobungszeit, Euch geistig, geistlich und seelisch besser kennenzulernen. Kommt Euch in diesen Bereichen näher. Lernt Euren Partner wirklich kennen. Nehmt Einblick in das geistliche Leben des anderen. Was bedeutet der Herr für ihn? Nehmt Einblick in das Gefühlsleben Eurer Braut und Eures Bräutigams. An welcher Stelle ist er/sie besonders empfindsam? Was tut ihm/ihr weh? Was macht ihm/ihr besondere Freude?

Seid zurückhaltend, was körperliche Kontakte angeht. Natürlich dürft Ihr Euch als verlobtes Paar in den Arm nehmen, Euch berühren oder küssen. Es ist selbstverständlich, dass Ihr das tut. Alles andere wäre unnormal. Aber damit hört es dann auch auf. Alles andere ist gefährlich. Ich möchte Euch gerne Mut zur Zurückhaltung machen. Es ist immerhin nicht ganz auszuschließen, dass eine Verlobung doch eines Tages gelöst wird. Auch deshalb ist Zurückhaltung durchaus angebracht, wenn man nicht Erinnerungen mitnehmen will, die in einem solchen Fall später nur schmerzlich sein können und das Gewissen belasten. Die Verlobungszeit ist zuerst dazu gegeben, dass wir lernen, wie der zukünftige Ehepartner denkt. Welche Eigenarten er hat. Welche Gewohnheiten er hat. Wie er empfindet. Wie sein geistiges und geistliches Leben aussieht. Wie es um sein Seelenleben bestellt ist.

Es ist wichtig, dass Ihr Euch in der Verlobungszeit näher kennenlernt. Schließlich habt Ihr ja vor, Euer ganzes Leben miteinander zu verbringen. Die Verlobungszeit bietet Euch die Gelegenheit, die Empfindungen des Partners kennenzulernen – und das ohne schon vollständig füreinander Verantwortung zu tragen. Dabei werdet Ihr ganz sicher manches lernen. Es wird positive Überraschungen geben. Vielleicht auch negative. Vielleicht werdet Ihr auch bisherige Verhaltensweisen und Denkweisen aufgeben und andere, neue dazulernen.

In der Welt ohne Gott macht man es natürlich gerne anders herum. Da probiert man in vielen Fällen erst einmal aus, ob man im Bett gut miteinander klarkommt. Danach entscheidet man den Rest. Das ist eine komplette Umkehrung der biblischen Grundsätze. Wundern wir uns, warum so viele Ehen schon nach kurzer Zeit scheitern? So soll es – so darf es – in einer christlichen Verbindung nicht sein! Der Griff unter die Gürtellinie des Partners bleibt tabu – selbst wenn es schwerfällt. Ich weiß das aus eigener Erfahrung. Wir kommen auf diesen Punkt gleich ausführlicher zurück.

Gemeinsamer Gedankenaustausch

Die Verlobungszeit solltet Ihr darüber hinaus nutzen, um Euch über Dinge des täglichen Lebens, über gegenseitige Interessen und Ziele auszutauschen und die Meinung des anderen kennenzulernen. Aber dann nicht nur über Autos, Computer, Mode, Musik, Sport und die nächste Gehaltserhöhung. Ich nenne exemplarisch einige Punkte:

- Welche Prioritäten soll Euer gemeinsames Leben haben?
- Wie denkt der andere über Familienleben, Kindererziehung, Familienplanung?
- Wo und wie wollt Ihr leben und wohnen?
- Wer nimmt die Finanzen in die Hand und wie soll Eure Finanzplanung laufen?
- Wer hat welche Hobbys und in welcher Form können und sollen sie weiter gepflegt werden?
- Welche Gewohnheiten hat der andere? Sind

vielleicht Gewohnheiten dabei, die Dir auf Dauer missfallen werden? Oder umgekehrt?

- Welchen Stellenwert wird die Gastfreundschaft in Eurem Haus haben?
- Wie sollten Konflikte gelöst werden?
- Wie wollt Ihr mit Euren Eltern und Familien, mit Eurem unterschiedlichen Freundeskreis umgehen?

Das soll wieder keine vollständige Checkliste sein. Es handelt sich um Denkanstöße. Weitere Fragen lassen sich leicht finden. Ihr solltet solche Fragen nicht einfach unter den Tisch kehren und sagen: „Darüber unterhalten wir uns, wenn wir verheiratet sind. Wir haben uns doch lieb. Das wird sich dann schon regeln." Die Praxis zeigt, dass verlobte Paare, die alles durch eine rosarote Brille sehen und die Realität weitgehend verdrängen, in der Ehe – vor allem am Anfang – mehr Probleme haben als solche, die ihre Gedanken und Wünsche vorher ausgetauscht haben. Es wird in Eurer Ehe ganz sicher Meinungsverschiedenheiten über Dinge des täglichen Lebens geben. Es wird zu Konfliktsituationen kommen. Es wird Stress geben. Da hilft es enorm, wenn man sich bereits vorher kennt und weiß, wie der andere denkt. Der Alltag der Ehe hängt nun mal nicht immer voller Geigen. Deshalb ist es gut, wenn man früh genug weiß, wie man aus einem Misston wieder eine Harmonie machen kann.

Gemeinsam mit dem Herrn –
gemeinsam für den Herrn

Die Ehe ist eine besondere Möglichkeit, dem Herrn gemeinsam zu dienen. Ein biblisches Beispiel dazu ist das Ehepaar Aquila und Priszilla, die gemeinsam für den Herrn gearbeitet haben. Von der Familie des Stephanas lesen wir, „ ... dass sie sich selbst den Heiligen zum Dienst verordnet haben" (1. Kor 16,15). Für manche bedeutet die Ehe leider, dem Herrn weniger zu dienen als vorher. Es gibt Beispiele von geistlichen jungen Männern und Frauen, die sich durch die Ehe haben abhalten lassen, dem Herrn mit Hingabe zu dienen. Allerdings gibt es ebenso positive Beispiele, an denen wir uns orientieren können. Ein Beispiel aus der Bibel ist Aksa. Sie war eine engagierte Frau, die ihren Mann „antrieb" (Ri 1,14), einen Segen zu bekommen, den sie gemeinsam genießen konnten. Wir wollen uns deshalb gegenseitig Mut machen, zusammen mit dem Herrn und für den Herrn zu leben. Damit könnt Ihr schon in der Verlobungszeit anfangen. Wir lernen, zusammen zu beten. Wir lernen, uns über biblische Themen auszutauschen. Wir lernen, zusammen für den Herrn zu arbeiten.

Es ist nützlich, dass jeder die geistliche Einsicht des anderen kennt und fördert. Es ist gut, wenn Ihr Euch gegenseitig helft, geistlich zu wachsen. Deshalb übt Euch von Anfang an, ein gemeinsames geistliches Leben zu entwickeln. Das nimmt übrigens nichts davon weg, dass jeder für sich persönlich vor dem Herrn verantwortlich ist und sein eigenes geistliches Leben weiterentwickelt.

3.   Verlobt – wie lange eigentlich?

Diese Frage wird immer wieder gestellt. Eine pauschale Antwort gibt es nicht. Eine genaue Zeit kann niemand nennen. Dazu sind die jeweiligen Gegebenheiten zu unterschiedlich. Es gibt zwei einander entgegengesetzte Gefahren, auf die ich aufmerksam machen möchte:

• *Erstens*: Die Verlobungszeit kann zu kurz sein. Es ist gefährlich, wenn man nicht genügend Zeit hat, sich ausreichend kennenzulernen. Die Verlobungszeit dient ja gerade dazu, seinen Partner besser kennen- und verstehen zu lernen. Wenn diese Gelegenheit zu stark verkürzt wird, „stolpert" man in eine Ehe hinein, ohne sich genügend vorbereitet zu haben. Wer das tut, hat es gerade in den ersten Ehejahren oft viel schwerer. Beispiele aus der Seelsorge zeigen, dass Ehen, die nach relativ kurzer Verlobungszeit eingegangen worden sind, häufig in den ersten Jahren stark belastet sind. Deshalb sollte die Verlobungszeit nicht zu kurz vorgesehen werden. Es braucht genügend Zeit, um sich gemeinsam auf die Ehe vorzubereiten.

- *Zweitens*: Die Verlobungszeit kann zu lang sein. Wir sind Menschen, die Gott mit einem Geschlechtstrieb ausgestattet hat. Dieser Trieb ist nicht sündig. Im Gegenteil. Er ist eine Gabe des Schöpfers. Aber der Geschlechtstrieb soll ausschließlich in der Ehe ausgelebt werden. Im folgenden Abschnitt werde ich noch näher auf diese Frage eingehen. Wenn Ihr Euch nun in einer längeren Verlobungszeit – wo Ihr Euch vielleicht häufig seht – geistig, geistlich und vor allem seelisch immer näherkommt, ist es nur zu natürlich, dass das Verlangen nach der körperlichen Einheit stärker wird. Die Versuchung, körperlich zusammenzukommen, wird mit zunehmender Dauer der Verlobungszeit größer werden. Deshalb ist es nicht gut, wenn die Verlobungszeit zu lang ist. Es wird auf Dauer schwierig sein, sich innerlich immer besser kennenzulernen und das Geschlechtliche auszuklammern.

Es ist im Einzelfall vor dem Herrn abzuwägen, wie lange eine Verlobungszeit sein soll. Wenn man jedoch vor der Verbindung schon erkennt, dass es eine lange Verlobungszeit werden wird, sollte man ernsthaft überlegen, ob man mit der Verlobung nicht lieber noch etwas wartet. Das ist z. B. der Fall, wenn der Mann noch am Anfang seiner Berufsausbildung steht und abzusehen ist, dass er bis auf Weiteres keine Familie finanziell unterhalten kann.

4.   Verlobungszeit und Sexualität

Wir kommen jetzt zu einer wichtigen Frage. Wie weit kann man – darf man – in der Verlobungszeit in Sachen Sexualität gehen?

(K)ein wichtiges Thema?

Nun gibt es durchaus ernsthafte Christen, für die ein solches Thema schnell erledigt ist. Sie sind der Ansicht, dass man eine solche Frage erst gar nicht stellt. Auf diesen Standpunkt kann man sich natürlich stellen. Man muss sich dann nur nicht wundern, wenn es plötzlich „schiefgeht". Ich persönlich glaube, dass es nicht nur gut, sondern sogar unerlässlich ist, darüber so offen wie möglich zu reden. Deshalb gehe ich auf diesen Punkt jetzt etwas ausführlicher ein. Ihr solltet darüber hinaus den Gedankenaustausch mit Euren Eltern oder anderen vertrauenswürdigen Geschwistern zu diesem Thema suchen.

Fehler im Umgang mit der Sexualität in der Verlobungszeit können fatale Folgen haben – und damit meine ich nicht nur die Gefahr einer möglichen Schwangerschaft. Ich meine vielmehr seelische Nöte, die das ganze spätere Eheleben belasten können. Die Kosten für ein vermeintliches – aber kurzes – Vergnügen sind in jedem Fall sehr hoch.

145

Wir haben gesehen, dass die Welt um uns herum die Grundsätze der Bibel weitgehend ins Gegenteil verkehrt. Natürlich gibt es auch ungläubige junge Menschen, die rein in die Ehe gehen möchten. Im Allgemeinen ist es jedoch anders. Jugendliche in Deutschland verfügen immer früher über sexuelle Erfahrungen. Da braucht man sich nicht zu wundern, wenn es eine absolute Minderheit ist, die rein in die Ehe geht.

Ich möchte Euch dringend davor warnen, die Wertmaßstäbe dieser Welt zu übernehmen. Mir ist klar, dass wir davon – bewusst oder unbewusst – beeinflusst werden. Gerade deshalb ist es wichtig, dass wir die Gedanken Gottes darüber kennen. In Hesekiel 20,32 wirft Gott seinem irdischen Volk Israel vor, dass sie sein wollten „wie die Nationen". Für uns ist die Gefahr vorhanden, dass wir – gerade in diesem Punkt – sein wollen wie die Welt um uns her. Übrigens geht uns nichts verloren, wenn wir uns an die Anweisungen Gottes halten. Das Gegenteil ist der Fall.

Der Sinn der Sexualität

Die Sexualität (der Geschlechtstrieb) ist eine Gabe unseres Schöpfers. Er hat sie bereits vor dem Sündenfall zur Fortpflanzung und zu unserer Freude gegeben. Gleichzeitig hat er den Rahmen bestimmt, in dem sie ausgeübt wird. Dieser Rahmen ist die Ehe. Gott sagt ein volles Ja zur Sexualität. Gleichzeitig schützt er sie durch die Ehe. Häufig wird argumentiert, dass der Geschlechtstrieb – wie Essen und Trinken – zu den Grundbedürfnissen des Menschen gehöre. Das ist nicht wahr. Wer nicht isst und trinkt, muss sterben. Wer seinen Geschlechtstrieb nicht auslebt, stirbt davon nicht. Die Realität zeigt im Gegenteil, dass da, wo der Geschlechtstrieb frei ausgelebt wird, das seelische Chaos oft vorprogrammiert ist. Die zunehmende Beziehungsunfähigkeit junger Leute zeigt das deutlich. Reine Triebbefriedigung bringt keine dauerhafte und wirkliche Erfüllung. Im Gegenteil. In diesem Punkt sollte sich niemand täuschen.

Unter Christen findet man häufig drei falsche Meinungen über den Sinn der Sexualität:

- Die extremste Ansicht ist, dass man den Geschlechtsverkehr als Sünde ansieht und somit ablehnt. Schon zur Zeit der Apostel gab es solche, die das Heiraten verboten. Die Bibel lehnt diese extreme Einstellung ganz eindeutig ab (vgl. z. B. 1. Tim 4,3). Sie ist nicht haltbar. Es gibt keinen Hinweis in der Bibel, der das rechtfertigt. Im Gegenteil.

- Manche denken, der Geschlechtsverkehr sei ausschließlich dazu gegeben, Kinder zu zeugen. Alles, was darüber hinausgeht, sieht man als böse und schlecht an. Man nimmt die Sexualität als notwendiges Übel in Kauf. Diese Ansicht ist ebenfalls biblisch nicht haltbar. Aus Angst vor einer vermeintlichen Sünde geht man an einer wunderbaren Gabe unseres Schöpfers vorbei.

- Es gibt andere Christen, die den Sex verherrlichen. Sie wollen uns klarmachen, dass wir an dem Glück des Lebens vorbeigehen, wenn wir unsere Sexualität nicht ausleben können. Danach verpassen unverheiratete Christen unendlich viel. Sexualität ist ohne Frage eine Gabe Gottes. Dennoch ist sie nicht das höchste Glück auf der Erde. Paulus war – wie viele andere Diener Gottes – unverheiratet. Er ist ganz bestimmt nicht am Glück seines Lebens vorbeigegangen. Wirkliches, bleibendes und höchstes Glück ist das Leben in der Gemeinschaft mit dem Herrn Jesus und im Dienst für ihn. Deshalb brauchen unverheiratete Christen keine Depressionen und keine Minderwertigkeitskomplexe zu bekommen. Im Gegenteil, sie können ihre Zeit für den Herrn nutzen.

Die dritte Ansicht ist heute weit verbreitet. Sie wird mit allen möglichen Argumenten verteidigt. Aber deshalb wird sie doch nicht wahr. Es gibt solche, die sagen, dass der Sexualtrieb nichts anderes sei als z. B. das Bedürfnis nach Essen und Trinken. Ein ganz normales menschliches Bedürfnis also, das befriedigt werden muss. Andere sagen: Wenn Gott den Sexualtrieb gegeben hat, dann ist er grundsätzlich gut. Wie kann dann etwas, was grundsätzlich gut ist, auf einmal schlecht sein? Wieder andere argumentieren, dass es unmöglich ist, das innere Feuer des geschlechtlichen Verlangens zu unterdrücken – besonders dann nicht, wenn man jung ist. Die vorgebrachten Argumente sind nichts anderes als Lügen. Sie sind einfach nicht wahr und stehen im krassen Widerspruch zum Wort Gottes.

Die Wahrheit zwischen den drei vorgestellten Positionen liegt in der ausgewogenen Mitte. Gott hat die Sexualität tatsächlich zur Fortpflanzung gegeben. Er hat gesagt: „Seid fruchtbar und mehrt euch" (1. Mo 1,28). Mehr noch: Gott hat uns die Sexualität – wohlgemerkt in der Ehe! – darüber hinaus zur Freude und zum Genuss gegeben. Salomo schreibt seinem Sohn: „Deine Quelle sei gesegnet, und erfreue dich an der Frau deiner Jugend, der lieblichen Hirschkuh und anmutigen Gämse – ihre Brüste mögen dich berauschen zu aller Zeit, taumle stets in ihrer Liebe" (Spr 5,18.19). Und in Prediger 9,9 lesen wir: „Genieße das Leben mit der Frau, die du liebst, alle Tage deines eitlen Lebens, das er dir unter der Sonne gegeben hat." Wir erkennen, wie unverkrampft die Bibel über die Freude des Intimverkehrs in der Ehe spricht.

Wir nehmen die Sexualität als Gabe Gottes aus seiner Hand und freuen uns daran. Wir vergessen dabei nicht, dass es Glück einer anderen „Qualität" gibt.

Die Sexualität ist kein Fluch, sondern ein wunderbarer Segen. Gott gab sie uns. Allerdings muss sie richtig ausgeübt werden, d. h. nur in der Ehe. Tun wir das nicht, ist es Sünde. Der von Gott gegebene Rahmen kann leicht überschritten werden. Wir leben in einer weitgehend sexualisierten Welt. Ob im Fernsehen oder in anderen Medien, ob in der Werbung, in der Musik oder in der Mode, überall begegnen wir einer extremen Reizüberflutung. Vom Internet ganz zu schweigen. Das macht die Sache nicht einfacher. Da ist es für Euch als junge – und verlobte – Menschen nicht einfach, den Willen Gottes konsequent zu praktizieren. Hinzu kommt, dass der Teufel garantiert jede Gelegenheit nutzen wird, uns gerade hierin zu Fall zu bringen. Deshalb gilt die Warnung von Römer 13,14 auch für die Verlobungszeit: „Zieht den Herrn Jesus Christus an, und treibt nicht Vorsorge für das Fleisch zur Befriedigung seiner Begierden."

Der Rahmen zur Ausübung der Sexualität

Wie nun soll die Gabe der Sexualität nach den Gedanken Gottes ausgeübt werden? Ich habe es bereits gesagt und wiederhole es nachdrücklich:

Die Ausübung der Sexualität ist nach den Gedanken Gottes ausschließlich an die Ehe gebunden. Sie allein ist der Bereich, in dem wir Geschlechtsverkehr haben können. Alles, was außerhalb der Ehe liegt, nennt die Bibel Unzucht oder Hurerei.

Das klingt vielleicht – gerade für Verlobte – sehr hart. Ist es aber nicht. Wer die Sexualität außerhalb der Ehe praktiziert, wird darin keine wirkliche Freude finden. Gott hat seine Vorschriften nicht gegeben, um uns zu schikanieren. Im Gegenteil. Er möchte uns vor Schaden bewahren. Er will uns glücklich machen. Die Ehe ist in diesem Sinn ein „Schutzraum". Diesen Raum betreten wir erst, wenn wir verheiratet sind. Nicht vorher – auch nicht als Verlobte.

Es gibt in der Bibel vielfältige Warnungen vor Geschlechtsverkehr neben (und vor) der Ehe. Als ein Beispiel nenne ich 1. Korinther 7,2: „Aber um der Hurerei willen habe ein jeder seine eigene Frau, und eine jede habe ihren eigenen Mann." Jeder soll also eine *Ehefrau* oder einen *Ehemann* haben, damit es nicht zur Hurerei kommt. Ein paar Verse weiter sagt Paulus, dass solche, die sich nicht enthalten können (gemeint ist sexuelle Enthaltsamkeit), *heiraten* sollen, „denn es ist besser zu heiraten, als entbrannt zu sein" (1. Kor 7,9). Paulus spricht hier sehr deutlich vom *Heiraten*. Einem Zusammenleben ohne Trauschein – früher nannte man das „wilde Ehe" – erteilt die Bibel eine ganz klare Absage.

Gott hat uns Menschen anders geschaffen als die Tiere. Deshalb sollen wir nicht wie die Tiere leben. Gott hat es so eingerichtet, dass wir den Intimverkehr erst dann wirklich genießen können, wenn wir eine geistige, geistliche und seelische Einheit geworden sind. Wir erinnern uns an die Aussage Gottes, dass ein Mensch seinen Vater und seine Mutter verlässt, seiner Frau anhängt und dann ein Fleisch mit ihr wird. Die Reihenfolge ist wichtig. Erst wenn der Mann seiner Frau anhängt, d. h. eine geistige, geistliche und seelische Einheit mit ihr geworden ist, kann er „ein Fleisch" im vollen Sinn mit ihr werden.

Nur in einer Lebens- und Liebeseinheit – d. h. in der Ehe – kann Sexualität nach den Gedanken Gottes ausgelebt werden. Wo Menschen in der Ehe eine geistige, geistliche und seelische Einheit bilden, wo sie alles teilen und miteinander verwachsen sind, wird der Geschlechtsverkehr seine von Gott gewollte Erfüllung finden.

Kein Sex in der Verlobungszeit

Es ist damit klar und deutlich, dass es während der Verlobungszeit keinen Sex zwischen Brautleuten geben darf. Ich stelle Euch das in aller Liebe – und gleichzeitig mit allem Ernst – vor. Es geht dabei überhaupt nicht um die Meinung von Menschen. Es geht nicht darum, irgendjemand den Spaß nehmen zu wollen. Dass Ihr einander begehrt, ist normal. Dass das Verlangen zu dem Partner aufkommt, ist mir völlig klar.

Aber Gott möchte, dass Ihr wartet, bis Ihr verheiratet seid. Gottes Wort verbietet vorehelichen Geschlechtsverkehr – und es tut das aus gutem Grund. Die Verlobung ist eben noch keine Ehe. Die Ehe – das werden wir noch sehen – beginnt mit dem öffentlichen, dokumentierten Eheversprechen, in unserer Gesellschaft also vor dem Standesamt.

Wenn im Alten Testament ein junger Israelit heiratete, durfte er die Zeichen der Jungfrauschaft an seiner Braut erwarten (5. Mo 22,14.15). Im Neuen Testament lesen wir von einer „keuschen Jungfrau" (2. Kor 11,2). Der Ausdruck ist uns vielleicht etwas fremd. Gemeint ist eine *reine* Jungfrau. Rein soll sie bleiben, solange sie verlobt ist. Es ist klar, dass sich das zunächst einmal auf die Versammlung (Gemeinde) bezieht. Die direkte Bedeutung auf die Verlobungszeit ist dabei nicht ausgeschlossen. Ein junger Mann kann erwarten – und umgekehrt eine junge Frau ebenso –, dass der Partner rein in die Ehe geht. Gott möchte es nicht anders. Gott hat es verboten, dass wir in der Verlobungszeit miteinander schlafen. Joseph und Maria waren verlobt, aber sie hatten keinen Intimverkehr miteinander. Deshalb war Joseph so erschrocken, als er merkte, dass Maria schwanger war.

Ich wiederhole, was ich bereits gesagt habe: Gott ist kein „Spielverderber". Gott gibt dieses Verbot nicht, um uns zu ärgern. Das Gegenteil ist der Fall. Gott möchte uns schützen. Wer rein in die Ehe geht, findet dort Glück und Segen. Wer es nicht tut, nimmt eine Belastung mit, die ihn oft jahrelang begleitet. Das gilt selbstverständlich auch für die Zeit vor der Verlobung. Wenn es nun trotzdem in der Vergangenheit des einen Partners – oder gar in der Verlobungszeit – sexuelles Fehlverhalten gegeben hat, kann das natürlich kein prinzipieller Hinderungsgrund für eine Eheschließung sein. Die Gnade vergibt. In diesem Fall sollte man offen darüber reden. Mit einem solchen „Geheimnis" kann man nicht in die Ehe gehen.

In der Verlobungszeit darf es keine geschlechtliche Verbindung zwischen Mann und Frau geben. Das hat Gott für die Ehe reserviert. Die Verlobungszeit schafft kein geeignetes Umfeld für das Zusammenleben von Mann und Frau. Vorehelicher Geschlechtsverkehr – Verlobungszeit eingeschlossen – hat sehr oft gravierende seelische Folgen. Sie bleiben häufig ein Leben lang.

Bitte lasst Euch deshalb warnen. Gott hat es verboten – und er hat es zu unserem Glück so vorgesehen. Wenn Ihr dann einmal die Ehe eingegangen seid und diese Verbindung nach Geist und Seele da ist, werdet Ihr sehen, wie schön das geschlechtliche Zusammenleben ist. Das ist dann nicht mehr eine reine Triebbefriedigung. Nein, es ist viel mehr. Es ist die Erfüllung der geistigen, geistlichen und seelischen Einheit mit Eurem Ehepartner. Es ist etwas Wunderbares, das Gott zu unserer Freude gegeben hat. Aber bitte nur in der Ehe und nicht vorher! Nehmt Euch das nicht vorweg!

Kein Petting in der Verlobungszeit

Was ist denn mit Petting? Manche meinen, dass dies eine praktikable „Alternative" für den echten Geschlechtsverkehr in der Verlobungszeit darstellt. Steht in der Bibel etwas über Petting? Natürlich steht das Wort dort nicht. Dennoch glaube ich, dass es Hinweise gibt, die uns zeigen, dass Petting in den Bereich des Unerlaubten gehört.

Petting – so hat es einmal jemand treffend gesagt – ist ein Tauschhandel der Gefühle und Lüste ohne eine wirkliche Verpflichtung. Hohelied 2,7 sagt uns: „Ich beschwöre euch …, dass ihr weder weckt noch stört die Liebe, bis es ihr gefällt!" Wisst Ihr, was Ihr macht, wenn Ihr Petting betreibt? Ihr weckt die Liebe zur Unzeit. Petting ist ein Spiel mit dem Feuer, an dem sich schon mancher gehörig die Finger verbrannt hat. Wer gibt Dir denn die Garantie, dass es beim Petting bleibt und nicht doch zum Geschlechtsverkehr kommt? Glaubst Du, Deine Gefühle unter Kontrolle behalten zu können? Es kann durchaus sein, dass Du einen Hund loslässt, den Du plötzlich nicht mehr an der Leine halten kannst.

Petting zerstört das Vertrauen, das für eine seelische Bindung erforderlich ist. Petting löst einen Reiz aus, der immer nach mehr verlangt. Einen Hunger, der nicht gestillt werden kann und dann in vielen Fällen doch zum wirklichen Intimverkehr führt.

Der weise Salomo schreibt einmal Folgendes: „Sollte jemand Feuer in seinen Gewandbausch nehmen, ohne dass seine Kleider verbrannt würden? Oder sollte jemand über glühende Kohlen gehen, ohne dass seine Füße versengt würden?" (Spr. 6,27.28).

Davon einmal abgesehen: Petting ist im Grunde genommen nichts anderes als das Vorspiel zum Geschlechtsverkehr. Es ist eine sexuelle Handlung. Lest einmal Hesekiel 23. Dort werdet Ihr zwei Ausdrücke finden, die weiteres Licht auf Petting werfen. In Vers 3 spricht Gott von einer Frau, deren jungfräulicher Busen betastet wurde. In Vers 8 und 21 wird das mit etwas anderen Worten wiederholt. Gott nennt das in diesem ganzen Kapitel Hurerei. Das ist Petting, wie wir es im Alten Testament finden. Wir staunen, wie aktuell und zeitnah die Bibel ist. Kein verstaubtes Buch mit Moralansichten vergangener Jahrtausende. Nein, Gottes Wort redet ganz zeitnah in unser Leben hinein.

Jetzt gehen wir ins Neue Testament. In 1. Korinther 7,4 lesen wir, dass der *Ehemann* Macht hat über den Körper der Frau und die *Ehefrau* umgekehrt Macht hat über den Körper des Mannes. Da geht es ganz konkret um eine *Ehe*frau und einen *Ehe*mann (vgl. V. 2 und dann V. 8). Darauf möchte ich die Betonung legen. Es geht um Menschen, die *verheiratet* sind. Ich ziehe daraus jetzt eine Schlussfolgerung. Sie lautet: Als *Verlobte* haben wir diese Macht eben nicht. Der

Körper Deines oder Deiner Verlobten gehört nicht Dir. Damit sollt Ihr warten, bis Ihr verheiratet seid. Deshalb lass die Finger von Deiner oder Deinem Verlobten. Das, was unter der Bluse oder dem T-Shirt Deiner Verlobten ist, geht Dich nichts an. Der Griff unter den Gürtel Deines Verlobten ist ebenfalls nicht erlaubt. Gott möchte es nicht. Sexuelle Stimulation gehört nicht in die Verlobungszeit. Sie ist nämlich „zielorientiert" und kann nicht in Ansätzen genossen werden. Geht in diesem Punkt – und ich weiß, dass viele gerade dort Fehler gemacht haben – rein in eine Ehe. Es ist zu Eurem eigenen Nutzen und Segen.

Gemeinsame Verantwortung

Es ist wichtig, dass Ihr Euch selbst klare Grenzen setzt. Die Grenzen, die letztlich Gottes Wort uns vorgibt. Die Verantwortung, rein in die Ehe zu gehen, liegt bei beiden Verlobten – dem Mann und der Frau. Jeder trägt sein Teil an Verantwortung. Dennoch ist es gut, wenn die jungen Frauen wissen, dass die Männer in der Regel schneller sexuelles Verlangen entwickeln als sie. Männer sind viel eher Eroberer als Frauen. Gerade dann, wenn man jung verlobt ist, kommt das besonders zum Tragen (Ausnahmen bestätigen allerdings diese Regel). Der Mann möchte häufig einfach mehr. Er möchte den Körper seiner Verlobten kennenlernen. Wir Männer tragen die besondere Verantwortung, diesem Verlangen nicht einfach nachzugeben. Die jungen Frauen können ihrem Verlobten helfen, den sexuellen Drang – den ein verlobter Mann ohne Frage empfindet – nicht noch zusätzlich zu stimulieren und zu kultivieren. Ein gewisser Abstand ist durchaus empfehlenswert. Wenn Dein Verlobter diesen Abstand nicht bewahren kann – oder besser gesagt nicht bewahren will – dann solltest Du ihm helfen. Das tust Du nicht, indem Du ihn noch weiter aufheizt, sondern indem Du ihm ein freundliches, aber bestimmtes Stoppsignal gibst. Wenn er dann wiederholt versucht, Dich zu überreden, musst Du Dir gut überlegen, was Du tust. Wer sich in der Verlobungszeit nicht beherrschen kann, wird es später in der Ehe damit umso schwerer haben. Denn eins ist klar: In der Ehe wird es Zeiten geben, wo Enthaltsamkeit angesagt ist, z. B. bei Krankheit, beruflicher Abwesenheit oder in bestimmten Phasen der Schwangerschaft. Gleiches gilt umgekehrt natürlich, wenn in einzelnen Fällen die junge Frau sexuell aktiver sein möchte als der Mann. Bei Frauen scheint mir die Gefahr zum Ende der Verlobungszeit größer zu sein. Wenn man sich geistig, geistlich und seelisch nähergekommen ist, wird gerade die Frau das Verlangen spüren, dem Mann auch körperlich näher und näher zu kommen.

Vor allen Dingen: Hütet Euch vor den Anfängen. Oft ist es eine längere Entwicklung, bis es schließlich zum Äußersten kommt. Bei jedem Zusammentreffen geht man ein kleines Stückchen weiter. Bei jedem Zusammentreffen wird die Hemmschwelle etwas herunter-

158

gesetzt. Und dann passiert es schließlich, dass man zu weit geht.

Ich empfehle Euch, es möglichst zu vermeiden, eine längere Zeit allein miteinander zu verbringen. Sucht die Gemeinschaft mit anderen Gläubigen. Tut gemeinsam etwas für Euren Herrn. Natürlich müsst Ihr Euch kennenlernen. Dazu braucht Ihr Zeiten des persönlichen Gedankenaustausches. Alles andere wäre unnormal. Nur meidet dabei möglichst Orte, an denen Ihr besonderen Gefahren ausgesetzt seid. Übernachtet nie allein im selben Haus. Gemeinsame Wochenenden oder Urlaube – ohne Eltern oder vertrauenswürdige erwachsene Begleitpersonen – sollten ohnehin tabu sein. Selbst bei längeren Autofahrten ohne Dritte ist besondere Gefahr angesagt. Geht unverkrampft und normal miteinander um. Betet miteinander, wenn Ihr Euch trefft. Das Gebet ist das beste Bewahrungsmittel. Und vergesst nicht: Ihr seid verlobt und (noch) nicht verheiratet. Nehmt nicht etwas vorweg, das nur und ausschließlich in die Ehe gehört. Ihr schadet Euch damit nur selbst.

Geistige und seelische Vorbereitung

Trotz allem ist das Thema Sexualität natürlich in der Verlobungszeit ein wichtiges Thema. Wir haben weiter oben gesehen, dass die Verlobungszeit eine Vorbereitungs- und Lernzeit ist. Allerdings – und das wiederhole ich mit aller Deutlichkeit – nicht, um schon praktisch zu *üben*, wie der Partner denn wohl im Bett sein wird. Dieses Thema muss tabu bleiben. Ihr könnt die Verlobungszeit nutzen, um Euch *geistig* und *seelisch* auf dieses Thema vorzubereiten. Es ist nämlich nicht gut, wenn man auf diesem Gebiet völlig ahnungslos in die Ehe geht.

Es gibt viele junge Christen, die es sehr ernst meinen, aber mit völlig falschen Vorstellungen über die Sexualität in die Ehe gehen. Die Enttäuschung in der Hochzeitsnacht ist dann oft groß. Deshalb solltet Ihr die Verlobungszeit nutzen, Euch anhand guter Literatur von bibeltreuen Autoren über den Intimverkehr in der Ehe zu informieren. Alternativ kann man bei erfahrenen Gläubigen des Vertrauens dazu Rat einholen. Das können – wenn das Verhältnis gut ist – die eigenen Eltern sein. Wenn Ihr es als verlobtes Paar gemeinsam tut, bieten sich oft neutrale Personen – z. B. gute Freunde mit entsprechender Erfahrung – eher an. Es kann sein, dass es bei einem der Partner Erlebnisse in der Vergangenheit gibt, die zu Vorbehalten oder gar Ängsten in Bezug auf die Sexualität führen. Darüber solltet Ihr besser vorher offen reden und nicht warten, bis Ihr verheiratet seid. Dann könnte es unter Umständen zu einem gravierenden Problem werden.

5.   Verlobung und Ehe

Die Verlobung geht der Ehe voraus. Dennoch wird immer wieder die Frage gestellt, wann die Ehe eigentlich beginnt. Ist die Verlobung bereits ein Ehe ähnliches Verhältnis? Diese Frage möchte ich eindeutig verneinen. Wir haben weiter oben schon gesehen, dass die Ehe einen *absolut verbindlichen* Charakter hat. Sie kann nicht gelöst werden. Diesen Charakter hat die Verlobung nicht. Sie kann – unter bestimmten Umständen, aber niemals leichtfertig – gelöst werden. Wenn Du Dich verlobst, gibst Du Deinem Partner das private *Versprechen*, ihn zu heiraten. Eine öffentliche Heirat selbst ist das noch nicht.

Die Ehe ist nicht nur etwas absolut Verbindliches zwischen Dir und Deinem Partner, sondern sie ist darüber hinaus ein öffentliches Treuegelöbnis. Die Ehe beginnt mit der öffentlichen Eheschließung – also vor Zeugen. Das ist bei einer Verlobung anders.

Im Alten Testament wird die Ehe mit einem Bund in Verbindung gebracht. In Hesekiel 16,8 spricht Gott davon, dass er mit seinem irdischen Volk, seiner Braut, in einen Bund trat und dass dieses Volk dadurch sein wurde. Der Bund der Ehe wurde im Alten Testament vor Zeugen geschlossen. Dazu zwei Beispiele:

* Als Jakob und Lea heirateten, lud Laban, Leas Vater, die Männer seines Ortes ein und machte

ein Mahl. Erst danach ging Jakob zu Lea ein, d. h. hatte Geschlechtsverkehr mit ihr (1. Mo 29,22.23). Laban machte die Sache also zuerst öffentlich. Danach kamen die beiden zusammen.

• Als Boas seine Ruth heiraten wollte, brachte er die Sache zunächst vor die Ältesten. Sie sollten Zeugen sein, dass er sich Ruth zur Frau nehmen wollte. Auch hier wurde die Sache öffentlich gemacht und bestätigt. Dreimal lesen wir in Ruth 4 davon, dass die Ältesten Zeugen dieser Eheschließung waren.

Im Neuen Testament ist das nicht anders. In Römer 7,2 schreibt Paulus: „Denn die verheiratete Frau ist durch Gesetz an den Mann gebunden, solange er lebt; wenn aber der Mann gestorben ist, ist sie losgemacht von dem Gesetz des Mannes." Gesetz meint an dieser Stelle nicht das Gesetz der zehn Gebote aus dem Alten Testament. Gemeint ist das Gesetz des Staates, in dem die Briefempfänger lebten. Natürlich verbindet Paulus in Römer 7 damit eine geistliche Belehrung. Dennoch wird klar, dass Paulus die Gesetze der Römer akzeptierte. Das ist immer noch unsere Pflicht als Christ. In Deutschland und vielen anderen Ländern ist die Ehe bis heute in der Gesetzgebung fest verankert. Wo wird die Ehe geschlossen? Es geschieht bei uns immer noch auf dem Standesamt. Nach Römer 13,1 sollen wir uns „obrigkeitlichen Gewalten" unterstellen. Ein privates Versprechen, eine

Absichtserklärung – eine Verlobung also – ist noch keine Ehe. Deshalb spricht man heute noch, mit einem gewissen Recht, von einem *Ehebund*. Ein solcher Bund hat immer einen öffentlichen und rechtlichen Charakter. Damit ist nicht etwa ein Ehevertrag gemeint. Gemeint ist, dass die Ehe nach dem Gesetz geschlossen wird.

Die Ehe beginnt also nicht damit, dass der Heiratsantrag angenommen wird. Mit dem Heiratsantrag beginnt die Verlobungszeit. Die Ehe ist nicht das Ergebnis der geschlechtlichen Vereinigung von Mann und Frau. Es ist gerade umgekehrt. So können wir keine Ehe „erzwingen" oder „vorwegnehmen". Das öffentliche Treuegelöbnis vor einem Standesbeamten geht der Ehe – und damit der geschlechtlichen Vereinigung – voraus. Wird es anders gehandhabt, stellen wir die Dinge auf den Kopf. Wenn zwei Menschen, die nicht verheiratet sind, Intimverkehr haben, ist das eine schwerwiegende Sünde. Gottes Wort sagt darüber in 1. Korinther 6,16: „Wisst ihr nicht, dass der, welcher der Hure anhängt, *ein Leib* mit ihr ist?" Es heißt dort bezeichnenderweise nicht „ein *Fleisch*". Es ist die Vortäuschung falscher Tatsachen. „Ein Fleisch" wird man nur in der öffentlich geschlossenen Ehe.

6. Von Gott zusammengefügt –
     im Herrn heiraten

Es gibt im Neuen Testament diese beiden Ausdrücke, die wir uns noch kurz ansehen wollen. Die Ehe
ist – nach den Worten unseres Herrn in Matthäus 19,6
– „von Gott" zusammengefügt. In 1. Korinther 7,39
spricht Paulus von einem Heiraten „im Herrn". Was
haben wir darunter zu verstehen? Sind beide Ausdrücke identisch oder ist ihre Bedeutung verschieden?

Um es vorwegzunehmen: Diese beiden Ausdrücke
sind nicht identisch. In Matthäus 19 gibt der Herr Je-
sus allgemeine Belehrungen über die Ehe. Er bezieht
sich dabei ausdrücklich auf die Schöpfungsordnung
Gottes. Dieser Ordnung sind alle Menschen – Gläubige und Ungläubige – unterworfen. Der Herr Jesus
zitiert den Vers aus 1. Mose 2, dass ein Mensch seinen
Vater und seine Mutter verlassen wird, um eine neue
Einheit mit seiner Frau zu bilden. Das ist die Ehe.
Wenn eine Ehe öffentlich geschlossen wird, erkennt
Gott sie an. Mann und Frau werden in der Ehe von
Gott zusammengefügt. Dabei spielt es keine Rolle, ob
es sich um Juden, um Christen oder um Heiden handelt. Wenn zwei Menschen heiraten und das öffentlich bekunden, sind sie nach den Gedanken Gottes
als Ehepaar zusammengefügt. Gott bekennt sich zu
einer solchen Verbindung, denn er hat die Institution
„Ehe" gestiftet. Deshalb gilt für *jede* Ehe, dass sie nicht
geschieden werden soll.

Heiraten „im Herrn" kann jedoch nur jemand, der eine lebendige Beziehung zu Jesus Christus als seinem Herrn hat. Wenn ein Gläubiger heiratet, dann soll er es „im Herrn" tun, d. h., er soll einen Partner heiraten, zu dem sein Herr im Himmel Ja sagen kann.

Jesus Christus ist nicht nur unser Heiland. Er ist gleichzeitig unser Herr. Als Herr hat er zu bestimmen, und wir sind ihm Gehorsam schuldig. „Im Herrn" heiraten bedeutet, so zu heiraten, wie der Herr es möchte.

Wenn z. B. ein Gläubiger einen Ungläubigen heiratet, kann das unmöglich „im Herrn" sein. Eine solche Ehe ist zwar von Gott zusammengefügt, aber sie ist nicht „im Herrn".

Wenn Du – nachdem Du das alles gelesen und verstanden hast – merken solltest, dass Du eine Verbindung eingegangen bist, die nicht zu einer Ehe „im Herrn" führt, dass Du also eine Verbindung hast, zu der er nicht sein Ja geben kann, dann ist es jetzt noch Zeit, diese Verbindung zu beenden. Hast Du erst einmal geheiratet, ist das nicht mehr möglich. Wenn Du hingegen „im Herrn" heiratest, hast Du ein gutes Fundament für eine glückliche Ehe gelegt. Auf diesem Fundament kannst Du weiter bauen.

7.   Völlige Hingabe an den Herrn Jesus

Ich möchte die Gedanken über die Verlobungszeit gerne mit einem Zitat von J. N. Darby, einem bekannten Bibellehrer aus dem 19. Jahrhundert, schließen. Er hat einmal geschrieben: „Völlige Hingabe an den Herrn Jesus ist das stärkste Band zwischen menschlichen Herzen." Das Wort ist immer noch wahr. Vielleicht hätten wir gesagt, dass die Liebe *untereinander* das stärkste Band zwischen zwei Menschen ist. Aber was ist Hingabe anderes als Liebe? Wenn Mann und Frau in der Ehe gemeinsam den Herrn Jesus lieben, wenn sie sich ihm hingeben, dann ist gleichzeitig das Verhältnis untereinander von Liebe gekennzeichnet. Das ist die beste Voraussetzung für eine segensreiche Ehe. Dieses Glück und diese Freude wünsche ich allen meinen Lesern von ganzem Herzen.

Teil 4: Freundschaft – eine Sackgasse

Ich weiß nicht, mit welcher Absicht Du dieses Buch bisher gelesen hast. Vielleicht beschäftigst Du Dich gerade aktuell mit der Frage der Partnerwahl. Dann hoffe ich, dass Du Antworten auf Deine Fragen bekommen hast. Vielleicht bist Du bereits verlobt und freust Dich auf die Ehe. Auch dann hoffe ich, Dir – und Euch – einige nützliche Hinweise gegeben zu haben.

Vielleicht bist Du noch nicht so weit. Du denkst (noch) nicht an Partnerwahl, an Verlobung und schon gar nicht an die Ehe. Aber Interesse am anderen Geschlecht hast Du ganz bestimmt. Das ist ab einem bestimmten Alter völlig normal. Die Frage ist nur, wie Du damit umgehst. Dazu möchte ich jetzt gerne einige Gedanken vorstellen. Ihr anderen solltet ebenfalls weiterlesen. Auch wenn Ihr bereits die 20 überschritten habt. Viele der folgenden Hinweise sind für verlobte Paare ebenfalls hilfreich.

Kürzlich traf ich zwei junge Leute, die mir gut bekannt waren. Beide waren wiedergeborene Christen. Da sie mir ziemlich eng umschlungen entgegenkamen, habe ich den beiden – nichts ahnend – freundlich zu ihrer Verlobung gratuliert. „Nein, nein", sagte der junge Bruder sofort, „wir sind nicht verlobt. Daran denken wir noch gar nicht. Wir sind gut befreundet. Wir gehen nur einfach zusammen und lernen uns mal etwas besser kennen."

Ist das ein Weg, den die Bibel uns zeigt? Oder ist es eine Sackgasse? Gibt es Freundschaften zwischen Jungen und Mädchen, die so einen unverbindlichen Charakter zeigen, dass man einfach zusammen „geht"? Mir ist völlig klar, dass so etwas in dieser Welt völlig normal ist. Die Menschen um Euch her machen das in der Regel so. Mit 14 oder 15 hat man nun mal die erste Freundin bzw. den ersten Freund. Man geht zusammen. Irgendwann macht man Schluss. Bald hat man wieder einen anderen, dann den Nächsten usw. Junge Menschen, kaum in der Pubertät, bringen ihren Freund oder ihre Freundin mit nach Hause. Sexuelle Beziehungen und Kontakte sind dabei durchaus üblich. Wenn Du junge Menschen darauf ansprichst und das infrage stellst, wird Dich kaum einer wirklich verstehen. Sie empfinden nichts Unrechtes dabei. Die Eltern schweigen – oder werden nicht mehr gehört. Als Folge davon wird übrigens der natürliche und von Gott gewollte Reifeprozess junger Menschen gestört. Die Erfahrungen, die sie dabei machen, können sie in ihrem jungen Alter noch gar nicht „verarbeiten".

Vielleicht denkst Du jetzt: „Nun gut, so weit muss es ja nicht gehen. Aber ist es nicht normal, dass man vor der Verlobung erst mal einen Freund oder eine Freundin hat? Ist es nicht normal, dass man zusammen geht? Wer verlobt sich denn schon gleich?" Wir wollen jetzt sehen, was im Licht der Bibel dazu gesagt werden kann.

1.   Jungen und Mädchen

Zunächst einmal ist klar, dass das Interesse der Jungen an den Mädchen – und umgekehrt – früh beginnt. Lang bevor man an Verlobung und Heirat überhaupt denkt. Im Kindesalter gehen Jungen und Mädchen in der Regel völlig unverfänglich und unverkrampft miteinander um. Das ist normal. Das Interesse an dem anderen Geschlecht ist einfach noch nicht ausgebildet. Kleinere Kinder nehmen die körperlichen Unterschiede natürlich wahr, haben aber dabei keinerlei Hintergedanken. Wenn die Pubertät einsetzt, ändert sich das auf einmal schlagartig. Das Interesse am anderen Geschlecht beginnt plötzlich zu wachsen. Als Junge siehst Du die Mädchen plötzlich mit ganz anderen Augen an. Du beobachtest sie anders als vorher. Du bildest Dir ein Urteil, ob ein Mädel gut aussieht oder nicht. Mädchen fangen an, sich für die Jungen zu interessieren und für den einen oder anderen zu schwärmen. Zuerst geschieht das meistens heimlich. Er – oder sie – soll ja möglichst nichts davon merken. Bis hierhin ist das alles ziemlich normal. Jeder Generation ist das mehr oder weniger so gegangen.

Die Zeit der Heimlichkeiten ist meistens ziemlich kurz. Zur Zeit, als Deine Eltern und Großeltern jung waren, war das noch anders. Wenn man heute an einer Schule vorbeigeht, braucht man nicht lange zu suchen, um scheinbar verliebte junge Menschen im frühen Teenageralter eng umschlungen und knutschend miteinander an einer Ecke stehen zu sehen. Was die Generation Deiner Eltern – wenn überhaupt – heimlich gemacht hat, wird heute nicht mehr verborgen. Ohne Freund bzw. Freundin ist man heute irgendwie „out". Und wer möchte schon „out" sein? Gruppenzwang ist ein Problem, das viele von Euch haben. Ich kann sehr gut verstehen, dass diese Zeit für Dich nicht einfach ist.

Für Dich baut sich hier ein ganz besonderes Spannungsfeld auf. Hoffentlich hörst Du zu Hause, dass es nicht richtig ist, so mit dem anderen Geschlecht umzugehen. Du spürst vielleicht selbst, dass man ein solches Verhalten nicht mit einem Leben in Gemeinschaft mit dem Herrn Jesus verbinden kann. Trotzdem möchtest Du nicht als Außenseiter gelten. Da kommst Du Dir manchmal vor wie zwischen Baum und Borke. Du befindest Dich in einer Zeit des Umbruchs. Mag sein, dass Du Dich zu Hause unverstanden fühlst. Du findest vielleicht nicht die nötige Geborgenheit, die Du suchst. Deine Eltern haben keine Zeit für Dich. Du hast Sehnsucht nach einem Menschen, der Dich versteht, sich Zeit für Dich nimmt und Dir Anerkennung gibt.

Drei Dinge möchte ich Dir zunächst einmal an die Hand geben:

Ps 139,2c
Ps 32,8

Erstens: Dein Herr versteht Dich sehr gut. Er weiß, wie Dir zumute ist. Er will Dir helfen. Er legt Dir keine

170

Last auf, die Du nicht tragen kannst. Geh mit Deinen Empfindungen im Gebet zu Deinem Herrn! Sprich mit ihm darüber!

Zweitens: Suche den engen Kontakt zu Deinen Eltern oder – wenn das nicht möglich sein sollte – zu anderen Personen, zu denen Du Vertrauen hast. Du brauchst gerade in der Jugendzeit offene Gespräche über Themen, die Dir unter den Nägeln brennen. Du brauchst Menschen mit Lebenserfahrung, die Dich in dieser Lebensphase begleiten, die mit Dir reden und mit Dir beten.

Drittens: Versuche zu akzeptieren, dass wir als Christen manchmal tatsächlich „anders" sind. Frage Dich einmal ernsthaft: „Wieso müssen wir eigentlich so sein wie alle anderen? Wenn *man* das so macht, muss *ich* das dann auch machen?" Wer ist dieser „man" eigentlich? Als Christ sind wir nun einmal ein Fremdkörper in dieser Welt. Manchmal *müssen* wir eben „anders" sein. Trau Dich ruhig einmal, gegen den Strom gängiger Meinungen und Verhaltensweisen zu schwimmen. Dabei sei sicher: Ich kann gut verstehen, dass das nicht einfach ist.

Röm 12,2

2.   Kein Spiel mit dem Feuer

Wenn wir unsere Bibel aufschlagen, dann suchen wir vergeblich nach einem Beispiel für eine Freundschaft zwischen einem unverheirateten Jungen und einem unverheirateten Mädchen. Die Bibel spricht überhaupt nur relativ wenig von Freundschaften. Aber nie von einer Freundschaft zwischen einem Jungen und einem Mädchen. Nun muss natürlich nicht gleich alles falsch sein, was in der Bibel *nicht* erwähnt wird. Trotzdem ist es bemerkenswert, dass die Bibel davon nicht spricht. Ich glaube, das hat seinen guten Grund.

Ich möchte an dieser Stelle vor einer engen und unverbindlichen Freundschaft zwischen einem Jungen und einem Mädchen warnen. Das klingt vielleicht jetzt etwas spießig und weltfremd. Soll es aber nicht sein. Ich möchte versuchen, die Dinge ausgewogen zu sehen und vorzustellen.

Es ist gut, wenn Ihr als Jungen und Mädchen, die dem Herrn Jesus gehören, unverkrampft miteinander umgeht und Freude zusammen habt. Die Zeiten, in denen man sich kaum ansehen durfte, sind zum Glück vorbei. Wenn sich allerdings früh im jugendlichen Alter freundschaftliche Verbindungen zwischen einem Jungen und einem Mädchen entwickeln, kann das ziemlich gefährlich werden. Oder glaubst Du im Ernst, dass Du als Teenager eine lockere Freundschaft mit einem Mädchen haben kannst, wo Ihr nur Monopoly spielt, am Computer sitzt oder tiefgründige Gespräche führt? Das kannst Du mir nicht erzählen. Dabei bleibt es garantiert nicht. Das weiß ich aus eigener Erfahrung. Es wird nicht lange dauern, da fangt Ihr an, Euch vorsichtig zu berühren und Händchen zu halten. Es werden Zärtlichkeiten ausgetauscht. Es kommt zum ersten Kuss – und oft geht es noch weiter. So oder ähnlich läuft das doch, oder? Ich möchte Euch ernstlich davor warnen. Das ist ein Spiel mit dem Feuer. Und an diesem Feuer wirst Du Dich schnell verbrennen.

Ohne die seelische Kraft und Festigkeit – und die hast Du im jungen Teenager-Alter ganz einfach noch nicht – ist es unmöglich, Deine Gefühle vom Willen Gottes zu unterscheiden. Du magst unter Umständen sogar mit den besten Absichten eine Freundschaft eingehen, doch es wird nicht gelingen.

Wenn dann – wie wir an anderer Stelle gesehen haben – ein 16-jähriger junger Mann zu einem 15-jährigen jungen Mädchen die berühmten drei Worte sagt, bin ich mir sicher, dass er überhaupt nicht weiß, was er da ausspricht. Er sagt zwar: „Ich liebe dich." Nur weiß er nicht, was Liebe wirklich bedeutet. Er meint nämlich eigentlich gar nicht: „Ich liebe *dich*", sondern er meint: „Ich liebe *mich*, und dafür brauche ich *dich*."

Ihr Mädchen: Vertut Euch bitte nicht. Im jugendlichen Alter *kann* ein Junge einfach nicht vollständig überblicken, was es bedeutet, wenn er sagt: „Ich liebe dich." Er kann die Worte aussprechen, mehr aber nicht. Ich gestehe Euch Mädchen durchaus zu, dass Ihr vielleicht in Eurer Entwicklung schon weiter seid als viele Jungen in Eurem Alter. Nur schließt bitte nicht von

Euch auf andere. Überschätzt und überfordert die Jungen bitte nicht. Wahrscheinlich liebt er in Wirklichkeit das Abenteuer und vielleicht Deinen Körper. Dafür solltest Du Dir wirklich zu schade sein.

Ihr heranwachsenden Jungen: Nehmt es mir nicht übel, aber im jungen Teenager-Alter könnt Ihr die Tragweite einer solchen Aussage nicht überblicken. Das kann ich Euch aus eigener Erfahrung als Mann sagen. Die Liebe, die Gott zwischen Mann und Frau geben will, ist etwas so Wertvolles, dass es sich von selbst verbietet, damit leichtfertig umzugehen. Liebe ist nicht, einem Mädchen einen Kuss zu geben oder mit ihr zu kuscheln. Liebe ist nicht, wenn das Herz Purzelbäume schlägt. Liebe ist nicht, wenn der Adrenalinspiegel steigt. Nein, Liebe ist etwas völlig anderes. Was Liebe bedeutet, haben wir weiter vorne gesehen. Liebe braucht Reife. Ihr wisst wahrscheinlich nicht, was ein Mädchen wirklich sucht. Ein Mädchen empfindet in diesem Alter – und überhaupt – häufig ganz anders als wir Männer. Natürlich weiß ich, dass es Mädchen gibt, die es darauf anlegen, Euch um den Finger zu wickeln oder aufs Kreuz zu legen – in den meisten Fällen ist es allerdings anders.

3.   Ein Wort an die Mädchen

Ich möchte jetzt gerne ein spezielles Wort an Euch Mädchen richten. Wenn ein Junge sich für Euch interessiert und sich an Euch „heranmacht", ist die Wahrscheinlichkeit groß, dass Ihr ganz andere Erwartungen habt als der junge Mann. Ihr sucht vielleicht Geborgenheit und Schutz. Ihr sucht jemand, der Euch versteht und mit dem Ihr Eure Gedanken austauschen könnt. Ihr beginnt bereits zu ahnen, was Liebe ist. Der Junge sucht oft etwas ganz anderes, als was Ihr vermutlich haben wollt. Es kann gut sein, dass er nur Euren Körper begehrt, denn ein Junge wird viel schneller durch äußere Reize angesprochen als Ihr. Er hat einen Trieb in sich, der sich sehr schnell melden kann. Viele Jungen möchten gerade diesen Trieb befriedigen.

Ihr habt wahrscheinlich kaum eine Vorstellung darüber, wie der Geschlechtstrieb eines Mannes funktioniert. Jemand hat einmal gesagt, dass die Sexualität eines Mannes – auch eines jungen heranwachsenden Mannes in der Pubertät – wie eine Lampe funktioniert. Du machst einen Schalter an. Das Licht brennt. Von einer Sekunde zur anderen. So in etwa funktioniert das sexuelle Empfinden eines (jungen) Mannes. Gott hat es so in uns Männer hineingelegt. Die sexuelle Lust ist unter bestimmten Rahmenbedingungen von einer Sekunde zur anderen voll da. Wenn Du einem Jungen körperlich zu nahe kommst oder ihn nur entsprechend ansiehst, löst Du bei ihm möglicherweise eine Reaktion aus, von der Du als Mädchen keine Ahnung hast. Du funktionierst nämlich sexuell anders. Was viele Jungen in einem solchen Augenblick im tiefen

Innern wollen, ist die Befriedigung ihrer körperlichen Lust – mehr in aller Regel zunächst einmal nicht. Ihnen ist die „Verpackung" zunächst wichtiger als der „Inhalt". Es kann sein, dass er nicht so sehr Dich, sondern Deinen Körper begehrt. Warum? Er will seine Lust befriedigen.

Ronny war auf einer christlichen Freizeit. Am Nachmittag war Sport und Spiel angesagt. Mit von der Partie waren eine ganze Reihe von Mädchen. Die 16-jährige Judith hatte es ihm sofort angetan. Sie hatte eine tolle Figur, ein hübsches Gesicht und herrlich dunkle Augen. Ronny ging aufs Ganze. Und Judith machte mit. Sie wollte gerne mal sehen, wie Ronny auf sie reagieren würde. Es begann mit einem Flirt. Erste Kontaktaufnahme über die Augen. Aber es dauerte nicht lange, da hatten die beiden sich von der Gruppe entfernt und lagen wenige hundert Meter weiter – von den anderen ungesehen – im Gras. Dass beide daran schuld waren, ist keine Frage.

Der Zündschlüssel für die Sexualität eines Mannes – egal in welchem Alter – ist zuerst das Auge und dann die körperliche Berührung. Ich weiß nicht, ob Euch Mädchen das wirklich klar ist. Daraus resultiert nämlich für Euch eine gewisse (Mit-)Verantwortung. Ihr tragt durch Euer Verhalten – bewusst oder unbewusst – entscheidend dazu bei, ob dieser sexuelle Motor bei einem jungen Mann gezündet wird oder nicht. Natürlich hat der junge Mann zu 100% seine eigene

Verantwortung, mit seiner Sexualität richtig umzuge-
hen. Er darf sich nicht gehen lassen. Aber Ihr Mädchen
könnt ihm dabei helfen oder eben – wie im Fall von
Judith – das Gegenteil tun. Euer Äußeres, Euer Geha-
be, Eure Kleidung sind da nicht ganz unwichtig.

Wir leben in einer Zeit, wo wir gerade in Sachen Kleidung eine extreme Freizügigkeit erleben. Ich unter-
stelle jetzt einmal, dass Ihr – anders als Judith – nicht
auf „Anmache" aus seid. Wenn Ihr das bewusst tut,
ist das sehr schlimm. Ich weiß sehr wohl, dass es leider Mädchen gibt, die es genau darauf anlegen. Aber
ich habe festgestellt, dass viele von Euch gar nicht
wissen, wie ein Junge sexuell reagiert, und deshalb
Fehler machen. Selbst wenn Du es nicht willst, können Dein ganzes Outfit und Dein Benehmen einen
jungen Mann ganz schön einheizen. Seine Fantasie
wird angeregt. Er beginnt sich Dinge vorzustellen,
die nicht gut sind. Ein zu kurz geratener Rock kann
dabei die gleiche Wirkung haben wie eine knackige
Jeans. Weißt Du, dass die zu weit ausgeschnittene
oder aufgeknöpfte Bluse, das hautenge T-Shirt oder
Dein knapper Bikini einen jungen Mann ziemlich
aufreizen können? Die körperbetonte Kleidung eines jungen Mädchens, ihr aufreizender Gang, eine
anzügliche Geste oder ein entsprechendes Make-up
kann bei einem jungen Mann etwas auslösen, was Du
überhaupt nicht gewollt hast. Wenn dann eine körperliche Berührung oder gar ein richtiger Kuss da-
zukommt, ist die Explosion kaum zu verhindern. Es

ist wie ein Tanz auf dem Vulkan. Für einen jungen Mann ist es in einer solchen Situation sehr schwierig, Gedanken und Verstand einzuschalten und auf die Bremse zu treten. Obwohl er genau das unbedingt tun muss. Gefühle und Begierden werden schnell die Oberhand gewinnen – es sei denn, er macht es wie Joseph und flieht.

Ich möchte Euch Mädchen deshalb herzlich bitten, das zu bedenken. Haltet den nötigen Abstand und kleidet Euch so, dass es den jungen Männern nicht unnötig schwer wird. Gottes Wille in Bezug auf Kleidung ist: „...mit Schamhaftigkeit und Sittsamkeit" (1. Tim 2,9). Sagen wir also: anständig! Ich weiß, dass viele von Euch das nicht gerne hören wollen, aber es ist wahr. Denkt daran, dass wirkliche Schönheit und sexuelle Attraktivität zwei verschiedene Dinge sind. Schönheit ist immer positiv. Die kann jeder sehen. Ihr braucht Euch auch nicht schön zu machen. Das tut der Schöpfer und Ihr dürft ihm dafür danken. Sexuell attraktiv hingegen sollst Du nur für Deinen künftigen Ehemann sein, wenn Du einmal verheiratet bist. Das geht einen anderen Mann nichts an. Verhaltet Ihr Euch anders, schadet Ihr Euch selbst. Ihr erlebt möglicherweise eine Enttäuschung, die Ihr nicht mehr vergessen werdet. Es kann sein, dass der Junge Euch schon nach kurzer Zeit links liegen lässt. Das kann Verletzungen auslösen, deren Narben Euer Leben lang bleiben.

4.   Ein Wort an die Jungen

Jetzt kommt ein spezielles Wort an die Jungen. Denkt bitte daran, dass die Mädchen von ihrem Schöpfer eine andere „Software" bekommen haben als Ihr. Das Seelenleben und auch die Sexualität eines Mädchens funktionieren in aller Regel ganz anders als bei Euch. Unser Schöpfer hat das so gewollt und gemacht. Viele Jungen wissen das nicht. Davon habe ich selbst z. B. so gut wie keine Ahnung gehabt, als ich Teenager war. Es hat mir niemand gesagt. Ich habe ziemlich lange gebraucht, bis ich es dann irgendwann gelernt habe. Deshalb habe ich manchen Fehler gemacht.

Ich habe irgendwo einmal gelesen, dass man das Seelenleben von uns Männern mit einer Kommode vergleichen kann, die verschiedene Schubladen hat. Jede Schublade kann separat geöffnet und geschlossen werden, ohne dass sofort sichtbar wird, was sich in den anderen Schubladen befindet. Die eine Schublade heißt z. B. Schule, Ausbildung oder Beruf. Eine andere Schublade heißt Hobby, Sport oder Musik. Wieder eine andere Schublade stellt die Familie dar. Eine dieser verschiedenen Schubladen ist eben unser Interesse an den Mädchen und die Sexualität. Wir Männer sind in der Lage, diese unterschiedlichen Bereiche, mit denen wir zu tun haben, relativ losgelöst voneinander zu erleben. Unser übriges Leben bleibt davon zunächst einmal relativ unberührt. Bei Frauen – und bei Mädchen – ist das in der Regel anders. Dazu gebrauche ich ebenfalls einen Vergleich, den ich gelesen habe. (Die weiblichen Leser bitte ich an dieser Stelle um Nachsicht.) Stellt Euch – im Gegensatz zu einer Kommode mit vielen Schubladen – einen großen Wandschrank vor. Ein solcher Wandschrank hat nur eine große Tür. Die Tür ist entweder offen oder sie ist zu. Wenn sie offen ist, kannst Du den kompletten Inhalt des Schrankes sehen. Wenn sie zu ist, siehst Du nichts. So in etwa müsst Ihr Euch das Seelenleben vieler Mädchen vorstellen. Eine Frau „funktioniert" und „denkt" ganzheitlicher als ein Mann. Die „Unterteilungen", die wir Männer kennen, kennt sie in dieser Form in der Regel nicht.

Warum sage ich Euch das? Weil wir Männer genau das wissen müssen. Wenn Du als Junge einem jungen Mädchen näherkommst, weckst Du in vielen Fällen Hoffnungen in dem Mädchen, die Du gar nicht erfüllen *möchtest* und – selbst wenn Du es wolltest – nicht erfüllen *kannst*. Während Du als Junge vermutlich in erster Linie darauf aus bist, einmal ein bisschen zu flirten und dem Mädchen möglichst nah zu kommen, möchte ein Mädchen in den meisten Fällen zuerst etwas ganz anderes. Das Mädchen sehnt sich sehr wahrscheinlich nach Geborgenheit und Zuneigung. Sie sucht jemand, mit dem sie reden kann. Jemand, der ihr zuhört. Jemand, der einfach Zeit für sie hat. Ein Mädchen – eine Frau – gibt sich viel eher ganzheitlich, als wir Männer das tun. Das Körperliche steht für ein Mädchen in der Regel zunächst gar nicht

180

so sehr im Vordergrund wie bei uns Männern. Ausnahmen bestätigen die Regel. Siehe Judith. Frauen sind häufig emotionaler als wir Männer. Das müssen wir einfach wissen, wenn wir miteinander umgehen. Ein Kuss oder eine innige Umarmung ist für Dich als Junge vielleicht zunächst eine rein körperliche Sache. Ein cooles Gefühl. Bei einem Mädchen geht es tiefer. Geist, Seele und Leib bilden viel mehr eine Einheit. Ein Mädchen öffnet sich nicht einfach nur körperlich. Wenn sie sich öffnet, dann tut sie es ganz – eben auch seelisch.

Für ein Mädchen hat der „erste Mann" in ihrem Leben einen ganz anderen Stellenwert als es umgekehrt ist. Mädchen vergessen „den Ersten" meistens nicht so schnell. Seelsorger haben darauf hingewiesen, dass ein Mädchen eigentlich nur einmal liebt. Selbst wenn sie mehrere hatte, mit ihrem Herzen und Gedanken wird sie immer wieder zu dem Ersten zurückkehren. Während Du vielleicht nur Deinen „Spaß" haben willst – zumindest etwas flirten willst –, geht das bei einem Mädchen meistens tiefer. Es kann sein, dass Du ein Mädchen durch Dein Verhalten – selbst wenn Du es gar nicht willst – dauerhaft verletzt.

Noch etwas sollten wir Männer unbedingt wissen. Die meisten Mädchen reagieren auf körperliche Stimulation anders als wir Männer. Während unser Zündschlüssel für die körperliche Stimulation das Auge und dann die Berührung ist, ist das bei den meisten

Mädchen anders. Natürlich sehen auch die Mädchen gerne einen Mann, der gut aussieht. Nur der Reiz, der von einem attraktiven Mädchen auf einen Jungen ausgeht, ist höher, als es umgekehrt der Fall ist. Der Schlüssel zu einer erfüllten Sexualität liegt bei der Frau vielmehr in der Seele. Deshalb sind Frauen in der Regel nicht so schnell sexuell erregbar wie wir Männer. Ich komme noch mal auf das Beispiel mit der Lampe zurück, die man einfach ein- und ausschalten kann. So funktioniert Sexualität bei uns Männern. Ein Mädchen und eine Frau kannst Du eher mit einem Bügeleisen vergleichen. (Noch einmal die Bitte an die Mädchen um Nachsicht!) Ein normales Bügeleisen braucht etwas Zeit, bis es heiß ist, und es braucht Zeit, bis es wieder abgekühlt ist. So in etwa müsst Ihr Euch die körperliche Reaktion bei einer weiblichen Person vorstellen. Eine Frau braucht ein entsprechendes Umfeld. Sie braucht eine entsprechende Stimmung. Sie braucht eine entsprechende Zeit. Nur so kann sie körperliche Empfindungen entwickeln und genießen.

5.   Der richtige Umgang miteinander

Es ist gut, wenn wir voneinander wissen, wie wir auf bestimmte Reize reagieren. Wir müssen die Gefahrenpotenziale kennen, damit wir darauf achten, nicht in eine Situation zu geraten, aus der es – wenn überhaupt – schwierig ist, wieder herauszukommen. Ich wiederhole noch einmal: Es geht nicht darum, Euch irgendwelchen Spaß zu verderben. Es geht darum, dass wir alle lernen, darauf zu achten, wie wir richtig miteinander umgehen.

Die Sexualität ist ohne jede Frage eine Gabe Gottes. Sie ist keine Sünde. Gott möchte, dass wir in der Jugend lernen, damit richtig umzugehen. Paulus schreibt den Römern: „Zieht den Herrn Jesus Christus an, und treibt nicht Vorsorge für das Fleisch zur Befriedigung seiner Begierden" (Röm 13,14). Wenn Ihr Euch vor der Zeit zu sehr für das andere Geschlecht interessiert und Eure Aktivitäten in dieser Richtung entwickelt, tut Ihr genau das, wovor Gott uns mit dieser Bibelstelle warnt.

Zu frühe Verbindungen mit dem anderen Geschlecht schaden mindestens in zweifacher Richtung:

Erstens: Ihr schadet Euch selbst und dem Mädchen bzw. dem Jungen, mit dem Ihr Euch einlasst. Ihr schadet Euch in Eurem eigenen Entwicklungs- und Reifeprozess. Ihr werdet es später in der Ehe viel schwerer haben, wirklich brauchbare und gute Ehemänner bzw. Ehefrauen zu sein, wenn Ihr in der Jugendzeit nicht den notwendigen Abstand gehalten habt.

Zweitens: Ihr schadet in einem gewissen Sinn Eurem Herrn. Ihr verliert nämlich Eure geistige und geistliche Energie, die Ihr im Dienst für Euren Herrn einsetzen könnt. Das sollten wir nicht vergessen. Es ist schon schlimm genug, wenn Ihr Euch selbst und dem Jungen bzw. dem Mädchen schadet. Aber es geht weiter. Ihr „verkürzt" Euren Herrn, der Euch liebt, indem Ihr Eure geistliche Spannkraft, Euren Elan, den Ihr in der Jugend habt, für Eure eigenen, egoistischen Zwecke missbraucht. Ihr vergeudet Eure Kraft der Jugend, die Ihr zum Nutzen für den Herrn Jesus einsetzen könnt. Ihr behindert Euer geistliches Wachstum. Gerade in jungen Jahren möchte der Herr uns in seinem Dienst gebrauchen. Die Kraft der Jugend ist im Reich Gottes dringend gefragt. Wollt Ihr denn ernsthaft Eure Kraft auf andere Weise vergeuden, statt Euch früh in seinem Dienst zu engagieren? Vielleicht habt Ihr Euren vermeintlichen „Spaß" – doch von geistlichem Wachstum ist keine Rede! Ohne Frage ist das eine der Ursachen, warum es heute im Reich Gottes so wenig wirklich gestandene Männer und Frauen gibt. Denn wer es in der Jugend nicht gelernt hat, sich seinem Herrn zur Verfügung zu stellen, wird es später viel schwerer haben, ein brauchbarer Diener für ihn zu sein. Das gilt für Euch Jungen wie für Euch Mädchen. Euer geistliches Leben degeneriert, anstatt dass Ihr Fortschritte macht. Geistlich geht es von einer Niederlage zur anderen – anstatt von Sieg zu Sieg.

Deshalb der liebevolle und gleichzeitig dringende Appell an Euch alle: Haltet genügend Abstand voneinander. Kontrolliert Euer Verhalten. Erhaltet Euch Euer Schamgefühl – übrigens auch eine Gabe unseres Schöpfers! Baut vorhandene Hemmschwellen nicht ab.

184

Ich meine nicht, dass Ihr verkrampft miteinander umgehen sollt. Ich meine nicht, dass Ihr Euch voneinander abkapseln sollt. Ganz im Gegenteil. Dann würden wir auf der anderen Seite vom Pferd fallen.

Ich empfehle Euch einen völlig normalen Umgang miteinander – am besten in der Gruppe. Das ist gut und hilft Euch. Unternehmt gemeinsam etwas. Nur bitte etwas Gescheites. Selbst bei „christlichen" Unternehmungen ist schon manches passiert, was besser nicht passiert wäre. Siehe das Beispiel von Ronny und Judith. Meidet möglichst das Alleinsein mit einem jungen Menschen des anderen Geschlechts. Beginnt erst gar nicht zu flirten! Der erste Kuss gehört der Person, die Ihr einmal heiraten möchtet. Andernfalls geratet Ihr schnell in einen Strudel der Leidenschaft und Lust, aus dem Ihr kaum wieder herauskommt. Das Ganze wird schnell zu einem Spiel, bei dem Ihr die Spielregeln nicht mehr selbst bestimmt. Mit den Gefühlen und Empfindungen eines anderen sollte man nie spielen.

Ich weiß natürlich genauso wie Ihr, dass das Spiel mit den Gefühlen reizt. Warum nicht mal probieren? Wie reagiert denn der Junge darauf, wenn Du ihn etwas intensiver ansiehst, wenn Du ihm Dein schönstes Lächeln zeigst oder Dich sexy kleidest und bewegst? Wie reagiert das Mädchen denn, wenn Du ihr einmal etwas näherkommst? Natürlich möchtet Ihr mal testen, welche Gefühle ein intensiverer Kuss auslöst. Trotzdem ist es falsch und gefährlich. Deshalb lasst es sein.

Vor allen Dingen tut eins: Lebt in Gemeinschaft mit Eurem Herrn. Betet regelmäßig. Lest die Bibel. Fragt ihn um Wegweisung. Ein Seelsorger hat einmal gesagt: „Gemeinschaft mit dem Herrn Jesus ist die beste Vorbeugung gegenüber Begierde." Je intensiver unsere Verbindung mit unserem Herrn ist, umso größer ist die Wahrscheinlichkeit, dass wir vor Fehlern bewahrt bleiben.

Die Medien wollen uns glauben machen, dass wir an dem Glück unseres Lebens vorbeigehen, wenn wir das alles in der Jugend verpassen. In Wirklichkeit ist das eine glatte Lüge Satans. Das Gegenteil ist wahr. Denkt an das Beispiel am Anfang dieses Buches. Denkt an das junge Mädchen, das nach einigen Erfahrungen mit Männern sagte: „Ich komme mir vor wie eine Cola-Dose: aufgerissen, ausgesoffen, zusammengedrückt und in die Ecke geworfen." Salomo schreibt: „Das Ende der Freude ist Traurigkeit" (Spr 14,13). Das ist immer noch wahr. Was auf den ersten Blick wie eine schillernde Seifenblase oder ein bunter Luftballon aussieht, löst sich plötzlich in Wohlgefallen auf. Was am Ende bleibt, ist oft Frust und Bitterkeit.

Achtet bitte auch darauf, wie Eure Kommunikation ist. Denkt an den Vater, der zu seinen Söhnen sagte: „Heiratet nie ein Mädchen, das ihr nicht liebt. Aber sagt auch nie zu einem Mädchen: ‚Ich liebe dich!', wenn ihr es nicht heiraten wollt." Ich weiß, dass Ihr in Euren Umgangsformen heute viel lockerer seid, als es die Generation Eurer Eltern war. Dagegen ist grundsätzlich nichts einzuwenden. Dennoch haltet Euch etwas zurück mit dem, was Ihr einander sagt und wie Ihr es sagt. Ein gesprochenes und geschriebenes Wort kann man nicht mehr zurücknehmen. Gerade in unserer multimedialen Welt ist Kommunikation sehr einfach geworden. Per SMS, per E-Mail oder im ICQ hat man sich schnell etwas mitgeteilt, was man mündlich vielleicht so nicht sagen würde. Besonders die Anonymität eines Chatrooms im Internet kann zum großen Schaden sein.

6.   Ein warnendes Beispiel

Ich möchte Euch zum Schluss die Geschichte von Nicole und Denis erzählen. Nicole war ein Teenager. Sie hatte ihren Herrn lieb. Sie engagierte sich in der Kinderarbeit und half bei allen möglichen Einsätzen, wenn es darum ging, das Evangelium zu verbreiten. Ihre Eltern hatten viel Freude an ihr. Dann begann sie eine Ausbildung zur Bürokauffrau. Gleich am ersten Tag fiel ihr ein junger Mann auf, der mit ihr die Ausbildung begann. Er schien irgendwie anders zu sein als die Jungen, mit denen sie bisher in der Schule zu tun hatte. Schnell stellte sie fest, dass er – wie sie – eine Lebensbeziehung zu dem Herrn Jesus hatte. Und noch etwas stellte sie fest. Denis war nicht nur gläubig, er schien darüber hinaus eine gute Partie zu sein. Er hatte gute Umgangsformen, war höflich und sah zudem ziemlich gut aus. Nicole nutzte jede Gelegenheit, ihn zu sehen und mit ihm zu sprechen. Es schien, als wenn auch bei Denis der Blutdruck stieg, wenn er Nicole sah. Der Funke sprang über. Es dauerte nicht lange, da trafen sich die beiden nach Feierabend. Es war ein lauer Sommerabend. Für die beiden wurde es ein schöner Abend. Wie es weiterging, könnt Ihr Euch denken. Nicole und Denis kamen sich schnell näher. Der erste Kuss ließ nicht lange auf sich warten. Und es blieb nicht bei dem einen Kuss. Nicoles Eltern und Geschwister registrierten wohl die Veränderung, aber es dauerte eine Weile, bis sie merkten, was wirklich dahintersteckte. Die Eltern warnten ihre Tochter, weil sie einfach noch zu jung war. Außerdem hatten sie den Eindruck, dass Denis – selbst wenn er bekehrt war – über das Leben als Christ etwas andere Gedanken hatte als sie. Doch Nicole wusste es besser. Denis war ihre große Liebe. Wenn sie an ihn dachte, schwebte sie auf Wolke sieben. Sie setzte sich über den Rat von Eltern und Freunden hinweg. Der Höhenflug dauerte allerdings nicht sehr lange. Der Absturz war jäh und heftig. Eines Tages sah sie, wie Denis mit einem anderen Mädchen Hand in Hand das Büro verließ. Sie stellte ihn zu Rede. Er zuckte nur mit den Schultern. Er habe halt ein anderes Mädel kennengelernt und sie solle sich bitte nicht so anstellen. Sie seien ohnehin viel zu jung, um sich fest zu binden. Damit war die Sache für Denis erledigt. Für Nicole nicht. Für sie brach eine Welt zusammen. Das hätte sie nie erwartet! Es dauerte lange, bis sie sich von ihrem Schock eini-

germaßen erholt hatte. Wirklich vergessen hat sie Denis – ihre erste „große Liebe" – nie. Auch wenn Jahre
vergangen sind, hat sie in bestimmten Situationen immer noch sein Bild vor Augen.

In einem anderen Fall, der ähnlich verlaufen ist, hat
das Mädchen nach solch einer Erfahrung sogar ein
regelrechtes Feindbild gegen Männer entwickelt. Das
hat zur Folge, dass sie eine Ehe für sich kategorisch
ablehnt. Gott möge in einem solchen Fall helfen, diesen Gedanken fallen zu lassen.

Zum Schluss

Die Bibel zeigt uns Beispiele von Männern und
Frauen, denen wir nacheifern können:

* Denkt an Joseph, der vor der Versuchung geflohen
  ist, die durch die Frau von Potiphar an ihn heran-
  kam (1. Mo 39,12). Von Joseph lernen wir, wie
  wir als junge Menschen unseren Weg in Reinheit
  gehen können. Er wollte sich an dem Wort Gottes
  orientieren und sich dadurch bewahren lassen
  (vgl. Ps 119,9). Ihm war bewusst, dass der sexuelle
  Umgang mit einer Frau, die nicht seine eigene
  war, eine Sünde gegen *Gott* gewesen wäre.

* Denkt an Daniel, der sich in seinem Herzen
  vorgenommen hatte, sich nicht mit der Tafelkost

des Königs zu verunreinigen (Dan 1,8). Von Daniel lernen wir, dass wir es anders machen können als die Menschen um uns her. Daniel hat nicht gefragt: „... darf ich?" Er hat nicht geklagt: „… ich darf ja gar nichts!" Nein, für ihn ging es darum, das zu tun, was seinem Herrn gefiel.

- Denkt an Hiob, der mit seinen Augen einen Bund gemacht hatte, keine Jungfrau anzublicken (Hi 31,1). Hiob wusste bestimmt, wie schöne Frauen aussahen. Gerade deshalb hatte er den Bund ja gemacht. Von ihm lernen wir, dass wir unsere Augen unter Kontrolle halten sollen.

- Denkt an Ruth, die nicht hinter den jungen Männern hergelaufen ist (Rt 3,10). Von ihr lernen wir, dass das Glück des Lebens nicht davon abhängt, uns möglichst bald einen Partner zu angeln, sondern auf die Zeit zu warten, die der Herr gibt.

Gerade dieses letzte Beispiel ist richtungweisend für uns. Ruth war nicht auf Männerjagd gegangen. Das wäre ja theoretisch eine Option für sie gewesen. Knechte gab es auf dem Feld genug. Aber Ruth tat es nicht. Boas suchte ebenfalls nicht das schnelle Abenteuer. Das hätte er durchaus haben können. Es kam für ihn nicht infrage. Beide sollten dafür ihren Lohn von Gott bekommen. Aus ihrer späteren Ehe ging David, der Mann nach dem Herzen Gottes, hervor. Im Neuen Testament finden wir sie im Geschlechtsregister unseres Herrn wieder (Mt 1,5). Partnerschaft ist eine viel zu ernste Sache, als dass man damit leichtfertig umgehen könnte. Die Ehe ist viel zu wichtig, um irgendwie hineinzuschlittern. „Ja" sollte man möglichst nur einmal sagen.

Seid bereit, gegen den Strom zu schwimmen. Seid bereit, anders zu sein als die Menschen um Euch herum. Wenn Ihr das in der Jugendzeit tut, wird der Herr Jesus Euch besonders segnen. Dann schafft Ihr die besten Voraussetzungen dafür, dass er Euch zur geeigneten Zeit einen Partner schenken wird, mit dem Ihr einmal glücklich in das Eheleben gehen könnt.

Gott hat für das Zusammenleben von Mann und Frau die Ehe gegeben. Er hat es zu unserem Nutzen so getan. Die Weichen, ob eine solche Verbindung in Richtung Segen oder in Richtung Fluch geht, stellen wir unter Umständen schon sehr früh. Deshalb stellt diese Weichen richtig. Der Herr möchte Euch glücklich sehen. Er hat alles getan, damit Ihr glücklich werden könnt. Hören wir auf ihn, dann gibt es Glück und tiefe Freude. Das wünsche ich jedem von Euch von Herzen.